NONSENSE
A Handbook of Logical Fallacies
論理で人をだます法

ロバート・J・グーラ＝著
山形浩生＝訳
千野エー＝イラスト

朝日新聞社

論理で人をだます法

目次

序章　日常は意味のない会話にあふれている

「いまのがまるで筋が通ってないのはすぐわかるんだが、でもどこが変かと言われるとちょっと……」

話がインチキだと内心ではわかっているのに、ズバリ、どうインチキなのか指摘できないというのは頭にくるもんだ。そんな経験があるなら、本書はお役に立てるだろう。本書は、まちがった考え方を繰り出すいろんな手口を、指摘し、分類して、なぜそういうまちがった考え方が出てくるのかを説明する。本書を読んだだけでは、反論の名人にはならないけれど、そのための武器は身につけられる。そしてもっとだいじなこととして、議論を操れるようになる。

読んでいくうちに、友達や知り合いが何人も顔を出すはずだ。逆に「これは自分だ!」と思うことも多いはずだ。世の中、インチキ論理にだまされないやつはいないからだ。

人は根っから絶望的なほど頭が悪いんだろうか?　根っからというのはその通り。頭が悪い、というのもおっしゃる通り。絶望的かといえば、それはちがう。人は合理的な動物だけれど、生まれながらに筋道を立てて考える動物ではない。

慎重で明快な思考には、ある種の厳しさが要求される。それは一種のスキルであって、すべてのスキルと同じく、身につけるには練習と努力が必要だ。筋道立てて考える前に、未熟な頭を待ちかまえる罠について知っておかなきゃいけない。

というわけで登場するのが本書だ――インチキ論理の本、理性を覆い隠してひっくり返す仕掛けのまとめだ。落とし穴や策略が見分けられたら、それにはまらずにすむかもしれない。人々がそういう手口に頼るのを、やめさせることもできるだろう。

まず、いくつか一般的な原則を。「法則」と呼ぶほどのものじゃない。どれも特に独創的なものじゃないので、「○○の法則」というふうに、ぼくの名前をつけたりもしない。以下の原則は単に、人々の反応や思考を特徴づけるパターンを記したにすぎない。

たとえば、人は、次のような傾向を持っている。

(1) 自分の**「信じたい」**ことを信じる
(2) 自分の**偏見**や**経験**を、いろんなことに当てはめる
(3) たった1回の出来事を**一般化**する
(4) 問題を分析している途中で**感情的になり**、自分の**個人的な感情を、客観性より優先する**
(5) 人の**話を聞くのが下手。**話の一部しか耳に入らない。 自分の聞きたい部分だけ聞いている
(6) 後づけで理屈をつけて**正当化**したがる
(7) 関係あることと関係ないことを、**区別できない**
(8) 目の前の問題から、すぐに**注意がそれてしまう**
(9) ある問題のもたらす結果を、**十分に検討しようとしない。**

単純化しすぎる

(10) **外見で判断**しがち。見たものを誤解し、判断をひどくまちがえる

(11) そもそも、自分が何の話をしているのか**わかっていない**

これは特に、広くいろんなテーマを議論しあう場合に成り立つ。人は口を開く前によく考えることはまずなくて、自分の感情、偏見、先入観、好み、嗜好、希望、不満を、慎重な考えより優先する。

(12) **一貫した基準**で行動することはほとんどない。根拠をきちんと検討してから結論を出すこともまずない

むしろ人は、やりたいことをやり、信じたいことを信じ、その後に、自分の行動や信念を裏づける証拠を手当たり次第に見つけてくる。思考も恣意的だ。身の回りで起きていることを判断するにも、自分の考えにあう証拠をいっしょうけんめい探して、あわない証拠は必死で無視する。

(13) 言った通りのことを**考えていない**し、考えた通りのことを**言わない**

こういう言い方をすると、ずいぶん偏見があるように思えるかもしれない。そんな意図はない。こういう人に対して、批判したり判決を下したりするつもりもない。

ここで言いたいのは、人は本来、客観的というよりは主観的だし、訓練を受けていない人は、普通はいちばん抵抗の少ない道を歩

きたがる、というだけのこと。

　そして、いちばん抵抗の少ない道が、きちんとした理詰めの道であることはほとんどないのだ。

第1章

感情的表現① 人を丸め込む

人間誰しも、満たしてほしい感情がある。たとえば、こんな感情。

「愛したい」「愛されたい」「人に受け入れられたい」「達成感を味わいたい」「自分は存在価値がある」「自分は重要人物だ」「自分は必要とされている」「自分を守りたい」「人から見て恥ずかしくない地位に立ちたい」「安心したい」……

これらの陰には、別の感情が隠れている。愛、憎しみ、恐れ、嫉妬、怒り、罪悪感、どん欲さ、希望、忠誠心などだ。

感情はもろく、繊細なものだ。他人にすぐ踏みこまれて、あっさり操作されてしまう。感情に訴えかけることができる人々は、われわれをごまかし、操り、事実に反することを、ほんとうだと思いこませることができる。

これから書くのは、感情を悪用して理性をごまかす手法の一部だ。これを見分けられたら、詐欺や操作を避けることができる。

001 同情に訴える

Appeal to pity // argumentum ad misericordiam

まともな理由、証拠や事実を提示するかわりに、同情や慈悲、友愛の精神にアピールする人がいる。

たとえば、栄養失調でやつれ果てた子どもの写真を見せて、**「飢えた子どもに食べ物を配るため、なるべくたくさん寄付してください」**と言ったりする。

この言い分には、本質的にまちがったところはない。でも寄付したお金のぜんぶが、飢えた子どもの食べ物にまわされると思うほどおめでたいようでは困る。寄付金のうち、管理費には、広告費にはどれだけ使われ、慈善団体の高給取り重役の給料には、どれだけいくんだろう?

同情に訴える手は、個人的人間関係でもよく使われる。ブラウンさんの会社が倒産しかけていて、銀行に融資を申し込んでいるとする。

「貴行から融資していただけないと、もう倒産しかないんです。そしたらおしまいです」

とブラウンさんは銀行の担当者に訴える。これは効くときもあるけれど、でも論理的にはあぶなっかしい。

ブラウンさんは、その融資を活用できるだけのビジネス感覚を持っているだろうか? その点を納得しないで融資する銀行員はバカだ。

002 特別扱いを求める
Plea for special treatment

同情に訴えかける手口のバリエーションとして、特別扱いのお願いがある。才能のないバスケットボール選手サミーは、コーチにこんなことを言う。

「今晩の試合に出してくださいよ。家族が見に来るんですが、いままでぼくの試合を見たことがないんです」

勝つことがいちばん大事だとすれば、サミーの訴えは、彼を出場させる理由としてあまりいいものではない。まともなコーチなら、ちょっと困った立場に置かれることになる。サミーを出さないほうがいいという自分の適切な判断をまげて、サミーを特別扱いし、試合に負ける危険を冒すべきだろうか?

この手は、能書きや演説ではとてもよく使われる。見事な例が、有名な弁護士クラレンス・ダロウの演説だ。1924年、彼は殺人犯のネイサン・レオポルドとリチャード・ローブを弁護していた。有罪かどうかはもう問題ではなかった。有罪は確定していた。問題は、2人を死刑にすべきか終身刑にすべきか、ということだった。

「……しかし他にも考えに入れるべき人々がおります。この二人の家族です。彼らは正直に暮らしてきましたが、今後汚名を背負って生きるのです。将来の世代も、それを引き継がなくてはなりません。こちらにいらっしゃるのは、レオポルド家の父親です――父親にとって、ネイサンは、自慢の息子でした。父親は息子を見守り、育て、息子のために働きました。ネイサンは賢く、よくできた子どもでした。父親は彼を教育し、そして息子の将来には、息子にふさわしい名誉と地位が待っていると信じていたのです。父親にとって、生涯の希望が藻くずと消えるのは、何とつらいことでしょうか。この父親のことを考えてやらなくてよいでしょうか？

ネイサンの兄弟のことも考えるべきではないでしょうか？　彼らの親族であるこの少年（ネイサン）が、絞首台で死んだという事実が、世代から世代へと伝えられたとして、それが社会に何か善をもたらすでしょうか？　あなたの生活を多少なりとも安全にするでしょうか。いや誰であれ、その生活を少しでも安全にするでしょうか？

そしてローブ家も同じです。こちらにいらっしゃるのは、毎日毎日まじめに出廷された、叔父と弟です。リチャード君のご両親は病弱で、この恐るべき緊張に耐えられないので、かわりにいらしたのです。ご両親にとって、ご自宅で待つメッセージの重みは、あなたや私の比ではありません。親しい人に先立たれるのは誰にとっても辛いものです。こうした感情は考慮しなくてよいのでしょうか？

彼らには権利はないのでしょうか？　いったいどんな理由があって、裁判長、彼らや彼らの将来世代のすべてが、汚名を着せられなければならないのでしょうか？　神様、もう十分です。何であれ、もう十分です。しかし、まだ絞首刑ほどではありません。まだそこまでひどくはありません。ですから閣下、これまで申し上げたことすべてに加えて申し上げるのですが、2つの名誉ある家族を、果てしない不名誉から、生きとし生けるどんな人間にも何ら役に立たない不名誉から、どうかお救いくださるようお願いいたします」

003 罪悪感に訴える
Appeal to guilt

同情へのアピールと密接に結びついているのが、罪悪感へのアピールだ。さっきの例に戻ろう。

飢えた子どもの写真を見せられて、それから夕食のテーブルについた、くつろいだ家族の写真を見せられる。そしてその広告は、こう宣言する。

「あなたには悩みなんてないでしょう。だって必要なものはぜんぶお持ちじゃないですか。実に恵まれています。世界中にいる、何百万もの飢えた人々にくらべれば」

快適な暮らしをしていることに、罪悪感を感じろと言われているわけだ。そして、お金を寄付しなければ、**もっと後ろめたくなりますよ**、とほのめかしたり、あるいははっきりそう書いてあったりする。こんど夕食を食べるときに、飢えた子どもたちのことを考えなさい、と誘導しているのだ。その映像が、寄付をするまでつきまとうことになる。

罪悪感へのアピールについては、3点指摘しておこう。

まず、誰も人の感情を食い物にする権利は持っていない。

第2に、後ろめたく感じるべきだという決めつけについて、信頼できる理由が示されるまで、そんな決めつけは無価値だ。

第3に、よしんば罪悪感を感じるべきだとしても、その広告の言う通りにすべき理由はぜんぜん示されていない。お金を寄付すれば、絶対いいことをしたことになる、という保証がないことには変わりないのだ。

004 恐怖に訴える

Appeal to fear // argumentum ad mentum

恐怖への訴えは、人を脅して、ある行動を取らせたり、なんらかの考えを受け入れさせたりする。**「Xをしないと Y が起こりますよ」**というわけ。もちろん、Yは何やら恐ろしいことだ。

「先にやらなければ、こっちが殺《や》られるぞ」

でもこの話が有効であるためには、話し手はXとYの間のはっきりした因果関係を示す義務がある。

たとえば、車を車検のために整備工場に持って行くと、トランスミッションが壊れかけていますよと整備工が指摘し、そしてトランスミッションが壊れたときに何が起こるかをあれこれ説明しはじめたとする。もしこの整備工が悪者なら、彼は単にあなたの恐怖心に訴えかけているだけだ。この整備工の主張がまともなものであるなら、なぜトランスミッションが壊れかけていると判断したかを、具体的に説明しなきゃダメだ。

ときには、恐怖への訴えは個人に向けられる。犯罪組織が、みかじめ料を要求する手口がこれだ。

「ビリーの酒場を見ろよ。変な火事が起きて、あのざまだ。似たようなことが起こらないように、あんたも後ろ盾が要るんじゃないか?」

これほど露骨でないアピールもある。たとえば、あるグループの希望に従わない個人に対して、陰に陽に突きつけられる脅しがこれだ。

「さて先生、鉄工所が環境汚染をしているとか言って騒いだりしたら、鉄工所が閉鎖されるかもしれないのはわかっておいででしょうな。閉鎖されたら、何千人もが失業しますよ。もちろん、何千人も失業させた先生をどうにかしようなんて輩《やから》は、そうはいないでしょうけどね」

本書の材料を集めていたら、デパートからこんな手紙が届いた。このデパートは最近、保険業に進出したのだ。

「この手紙を受け取っても、耳を貸そうとしない方もおいででしょう。驚きです。というのも、この保障は、実にお値打ちなのです。なのに、あなたのようなカード会員が、それをみすみす見逃すというのが信じられないのです。

驚かなくてもいいのかもしれません。旅行中に出合うさまざまな危険。それを十分にカバーする保険に入っていらっしゃるのかもしれません。多額の医療費。そんなのは貯金でまかなえる方なのかもしれません。貯金がそれほどなくても、長期障害なんか苦にならないのかもしれません。もしそうでしたら、心からお慶《よろこ》び申し上げます。

しかしながら、この保険に入れば必要のない支出に、どうしてあなたの貯金を使うのですか？　そんなことをしてはいけません。このキャンペーンが終わる前に、申込書に記入してご返送ください。それだけでよいのです。その時点では何の支払いもいりません」

最初の段落は、本章でこのあと説明するアプローチを使っている——誠実さへのアピール。それからちょっとしたおべんちゃら。もし私が○○デパートの顧客なら、もちろん物事の価値がわかっていて、物事の価値がわかるなら、もちろんこの保険の良さもわかるでしょ、というわけだ。

2段落目はなかなかおもしろい。これは恐怖心へのアピールの好例になっている。ここはなんだかんだ言って、私を脅しているわけだ。いろいろあてこすりをしつつ、おっかない事態を想像するよううながす。**長期的に見れば、安心を買ったほうがずっとお得ですよ！**

005 希望に訴える
Appeal to hope

「Xをしたら、Yが起こるかもしれません。だからYが起きてほしければ、Xをしましょうよ」

でもYが起きるという保証はないし、XがYに対して、大きな影響を持つという主張にも大した理由はない。宝くじの広告は、この手のアプローチを使う。1億円当てたいと思わない人はいない。

なので、実際に当てた人の話を聞かされ、特に**「次はあなたかもしれません」**なんて言われると、人はついつい、実際に当たりくじを手にする確率がどれほど小さいかを忘れてしまうのだ。

006 おせじを使う
Appeal to flattery

おせじを言われると、おせじ屋への好意を、その人物の話した内容に対する好意とごっちゃにしてしまいがちだ。ベスがジョージにおせじを言う。ジョージはベスの話に喜ぶ。こうしてジョージは、ベスの立場により好意的になる。だがベスが彼の意見を受けいれる根拠は示されていないことに注意。

007 ステイタスに訴える
Appeal to status

地位やブランドをやたらに気にする人がいる。これはグッチですのよとか、こちらはプッチでございますとかひけらかす。外車を乗り回し、買い物でもラベルがいちばん大事だと考える。自分の裕福さを外に向けてひけらかすことが、自分たちをもっと重要人物だとか、「ちがいのわかる男」だとか、エレガントだとか世《せ》故《ち》にたけた人間に見せると感じている。

こうした人々は特に、ステイタスを高めると称する訴えには弱い。150ドルもするボールペンの広告は**「あなたの特別さを雄弁に物語ります」**と言う。言うまでもなく、人間の差は使っている商品ではなく、その行動で決まるものだ。

こうした人々は、「焼き鳥ご飯」と言うと軽蔑するのに、「アロッズ・コン・ポヨ(arroz con pollo)」と言われると嬉々として注文する。

008 バンドワゴン・アピール(みなさんやってますよ!)
Appeal to bandwagon

このアピールは、上の「ステイタスへの訴え」と似ている。だが「ステイタスへの訴え」が人々の「特別な存在になりたい」という欲求に訴えるのに対して、バンドワゴン・アピールは、人々の「何かに所属していたい」「まわりに取り残されたくない」という欲求(付和雷同)に働きかけるのだ。**「上流階級の方は、みなさんそうされま**

すよ」と海外旅行を勧められたり、**「お隣も持ってらっしゃるんだから」**と別荘をセールスされる。もっと俗っぽい例を出すと、

「100万人の主婦が、“スパークル”を使っています。あなたもそうしたほうがいいんじゃありませんか?」

ここでも、あらゆる感情的なアピールと同様、外国へ出かけたり、別荘を買ったり、スパークルを使ったりすべきまともな理由は出てこない。「他人に負けたくない」という理由以外は。

009 愛情に訴える/信頼に訴える

Appeal to trust / love / friendship

さて、愛情へのアピールと、その親戚である信頼へのアピールが登場だ。自分に「うん」と言わないということは、自分を愛してない、信用してないってことか、と詰め寄る人がいるでしょう。

「おれに同意しないやつはおれの敵だ!」

「あたしを信じてる? だったら言う通りにしてくれるはずよね」

このアピールは不公平だ。ある人物に同意するかしないかは、その人物が好きかどうかには、何の関係もない。その人に従わないからって、別にその人が嫌いとか信用しないってことじゃない。どんな考えを受け入れるにしても、どんな行動に同意するにしても、

まず受け入れたり同意したりするための理由をはっきりさせるべきだ。さもないと、無責任な行動を取ることになる。この種の感情的な訴えの総称が、ラテン語でいうargumentum ad amicitiam──「友愛への訴え」だ。忘れちゃいけない。真の友情には、ときに相手に「ちがう」と言ってやることも必要だということを。

010 プライドや忠誠心に訴える

Appeal to pride / loyalty // argumentum ad superbiam

友愛への訴えと似ているのが、プライドや忠誠心への訴えだ。

「もしわが国を誇りに思うのなら、祖国の繁栄と成長を願うのなら、国債を買いましょう」

「なんですって、おみくじを買わない？　神様を信じてないんですか?」

「もう食事に連れてってもくれないじゃないの。あたしのこと人に見せたくないと思ってるんだわ。もう愛してないのね」

プライドや忠誠心へのアピールは、とんでもない単純化をする。国債を買わないからといって、それが即、愛国心がないってことに

はならない。くじを買わなくても信仰は持てる。女房と外食しないからって、もう誇りに思わないとか、愛していないとかいうことにはならない。

011 誠実さに訴える
Appeal to sincerity

このアピールは、うまい役者がやると実に効果的だ。極めて真面目、誠実、一見控えめで、もちろん慎み深い調子で話すと、本当に心の底から語っているような印象を与える。言葉はしばしばとぎれ、次に言いたいことを表す言葉を探しているかのよう……気持ちが深すぎるために、なかなか言葉が見つからないというわけだ。強調のために、言葉を繰り返すとよい。

「ほんとうに」「まぎれもなく、真摯《しんし》に」「真に」「絶対に」「心底」を付け加えれば、誠実な印象はますます高まる。

> 「したがいまして、紳士淑女の皆様、私が信じますに――**もう断固として**信じまするに――この法案は**絶対に**通さなければならないのです。**まったくもって**必要不可欠なのです。これはもう私の**一大信念なのです。**反対論も公平に扱おうとはしてみました。**そりゃもう。**彼らの法案も慎重に検討させていただきました。そのうえで、先方の法案は経済に大混乱を引き起こすものと、**まったくもって**確信する次第なのであります。

それも無用であり、回復不可能な混乱です。先方も、自分たちの法案の意味をじっくり検討してみれば、それを実施した場合に今後２年……いや３年後に何が起こるか……」

012 ポピュリズム（俗情との結託）

Appeal to the crowd // argumentum ad populum

最後の感情的アピールは、これまで本章で述べてきた多くの——いやほとんどの——アピール法を含んでいる。これは群衆や烏合《うごう》の衆や大衆への訴えかけだ。一般化、決まり文句（クリシエ）、スローガン、信心家ぶったゴタク、一般大衆へのヨイショ。以下に挙げるのは1941年の内務長官ハロルド・L・アイクスだ。

「アメリカの本質とはなんでしょうか。肌の色でも人種でも宗教でもありません。家系の貴賤でもなければ生まれた土地でもない。たまたま生まれた立場でもない。社会的地位でもなければ銀行預金でもありません。職業でもなければ商売でもない。

アメリカ人とは、正義を愛し人の尊厳を信じる人間なのです。

アメリカ人とは、自分や近隣の自由のために戦う人間なのです。アメリカ人は常に自分の権利や生き方のためにどう戦うかを知っていました。アメリカ人たちは戦いを恐れません。正当な理由のためには、喜んで戦います」

俗情との結託の露骨な例として最近見かけたのが、ドッジ・オムニという車の広告だ。この広告はやりすぎなくらい大衆受けをねらいすぎている。見開きページに、「お母さんのオムニ（MOM'S OMNI）」というコピーが書かれ、左ページにはこぎれいで魅力的な、20代後半から30代前半の女性が写っている。彼女は息子、娘と並んで、ドッジ・オムニの前でポーズを取る。そして宣伝文句。

「オムニはお母さんのために造られたようですよ。お母さんの日々の雑用や家庭作業を手伝ったり、ちょっとしたお遊びに主婦仲間を乗せたり。しかもそのすべてを、家計簿のガソリン代の枠内でできます。オムニの標準モデル（1.7リッター、マニュアル、アクセル比3.3）の燃費は高速道路で39MPG、市内走行で25MPGです。
さらにオムニはハッチバック。開けば、そこにはカーペットとセキュリティパネルで仕切られた特製収納スペース。買い物袋が5つ、6つ、いや7つだって置けますよ。満杯のゴルフバッグなら4つ。その他あれこれ小荷物も……それがすべて視界のじゃまにならずにおさまります。あるいはハッチバックを上げて、後部座席とセキュリティパネルを畳めば、巨大な荷物を運べるステーションワゴンに早がわり。
椅子でも。暖炉の薪でも。いやお子さんの砂場だって」

この広告の押しつけがましさは、腹がたつほどだ。お母さんへのごますりぶりはむかつく。この広告では、お母さんというのは何も考えないどうでもいい存在で、日々を雑用だの家庭作業だのをこなし、主婦仲間とお遊びをして、ひたすら家庭にしばりつけられる立場だと想定している。

アクセル比3.3というのが、歯をむきだしてにっこり笑う健全なお母さんにとって大した意味を持つとは思えないけれど、なんかすごそうだ。**お母さんにわかんなくったっていいじゃないか！** 買い物袋を5つ、6つ、いや7つも置けるんなら——いやそれどころか砂場だって——何も気にする必要はありません！

さらには、「お」母さんの「オ」ムニという音の遊びもある——少なくともこれはちょっとは気が利いている。あとはひたすら俗情との結託——この場合の俗とは、主婦だけれど、残念ながら実に無惨な主婦の紋切り型でしかない。

まとめ

この章で紹介したものが、感情利用表現の手口のすべてというわけじゃない。「プロパガンダ」や「ほのめかし」の世界もあって、これは後の章で扱う。でも個々の感情に訴える手口は、ここに挙げたのが主なものだ。

最後に繰り返しておくけれど、感情に訴えること自体は、ちっとも悪いことじゃない。ときにそれは、ただ深い気持ちや信念を反映している。

「010 プライドや忠誠心に訴える」に登場した奥さんは、ほんとうに夫がかまってくれないと解釈して傷ついているのかもしれないし、**「004 恐怖に訴える」**に登場した自動車の整備工は、ほんとうにトランスミッションに問題があるとわかっているのかもしれず、恐怖への訴えは、単に手っ取り早く必要な行動を取らせようというだけのことかもしれない。そしてオムニは本当にすばらしい車なのかもしれない。

重要なのは、こうした感情への訴えが、言外の気持ちや信念を反映したものだと認識し、はっきり述べられていないウラや隠れたねらいがこっそり入っているかもしれないと認識することだ。脅してくじを買わせようとする人は、本気で宗教団体を助けたいのかもしれない。あるいは単に、自分のノルマをさっさと片づけたいだけかもしれない。

本当の目的を見つけたり、隠れたねらいを見極めたりする努力を惜しまないこと。

感情は重要だけれど、でも感情だけで動いちゃいけない。行動には理由が必要だ。感情的な訴えが危険になるのは、それが理由をごまかそうとするときなのだ。

第2章
感情的表現②
人を扇動する

プロパガンダは悪で、扇動者は邪悪な生き物だとわれわれは思いたがる。すぐに思い浮かぶのがナチス・ドイツだ。あくどい政治家、ヒステリックな暴徒、大声の演説、一糸乱れぬパレードなんかが連想される。確かにこういうイメージも、プロパガンダの一種を表してはいるけれど、でもほんの1種類でしかない。いちばん広い意味で言うと、プロパガンダは単に説得手法のひとつで、理性より感情に訴える手口のひとつだ。

人を誘導して、ある特定の思考・行動をさせようとする。信念、そして最終的には考え方をも操ろうとする。その手口は、多くの場合巧妙で陰湿だ。扇動家は手札を見せたりしない。隠れた目的や本音は口に出さない。

有能な扇動家は、人の感情を利用する。前章に出てきた感情的なアピールを多用する。こちらの聞きたそうなことを語り、信用を勝ち取ると、こちらの考え方を支配しようとする。扇動家は、自分の主張していることについて、まともな理由をまず挙げない。証拠を挙げるときも、一方的なものばかり選ぶ。問題を過度に単純化し、歪曲することも多い。

扇動家の使う手口の一部を、詳しく説明しよう。

008 バンドワゴン・アピール（前章にも登場）
Appeal to bandwagon

「みんなやってますよ。だからあなたもやったらどうですか」

もちろん、この手の物言いは、ものごとを単純化しすぎている。ホントにみんながやってるわけじゃない。「みんなやってる」は、少なくとも2つのレベルで機能する。まず、多くの人が何かをやったり、ある立場を支持したりしているという印象を作り出し、そして多数の判断はまともなものだとほのめかす。**それだけたくさんの人がやっているなら、正しいにちがいない**、というわけ。第2のもっと重要な点として、「みんなやってる」は、人々の、何かに帰属したいというニーズへの感情的なアピールでもある。人は仲間はずれになりたくない。

「ならば大船に乗りましょう。群れに参加して、幸せな安全を手に入れましょう」

013 繰り返し
Repetition

扇動家は、同じ話を何度も繰り返す。使うことばは毎回ちがうかもしれないけれど、論点は同じだ。何度も繰り返せば、そのうちみんなあなたを信用するようになる、という理屈だ。

014 自信
Confidence

扇動家は自信たっぷりに話す。自分が何を言わんとしているか、わかっているなという印象を与える。声も力強い。表情もしっかりしている。身のこなしも迷いがない。しくみはこんな感じだ——**この人はこんなに自信たっぷりなのだから、こんなに自分の立場に確信があるのだから、正しいにちがいない……。**

人々は勝ち組につきたがるし、自信たっぷりな態度は、人を勝ち組に見せる。

015 真面目さ、誠実さ
Earnestness and sincerity

この2つはボーナス点だ。誠実で素朴に見えれば見えるほど、みんなも信用してくれる。

016 単純化
Oversimplification

扇動家はことがらの一面だけを取り上げて、その面しかないような言い方をする。たとえば選挙の候補者は、対立候補の弱点だけをあげつらい、よい点は完全に無視したりする。複雑な問題を極論に仕立て、話をあれかこれかの二者択一にしてしまう。

「私を支持して、みんなにとって良いことをするか、それとも私を支持しないか——そうなれば、もちろんひどい結果になります——そのどちらかを選んでください」

自分には解決策があると匂わせる。複雑な問題を一発で解決に導くような策などめったにないという事実を無視する。同様に、既存の問題について語るときも、その原因を単純化する。**「この問題のそもそもの原因は……」**。もちろん単純化というのは、歪曲の一種だ。

017 レッテル貼り（ネームコーリング）
Name-calling / labels

扇動家は自分の気にくわない人や考えに対し、ネガティブな形容詞や、強い偏見を引き起こす人名を持ち出す。そして気に入った人や考えには、ヨイショする形容詞や、強いポジティブな感情を引き起こす人名を当てはめる。そういうレッテルが、聞く人の態度に影響するだろうと考えているのだ。

「人種差別主義者」「無政府主義者」「過激派」「反動的」というレッテルは、聞き手に偏見を植えつけられるかもしれないけれど、そもそも聞き手は、その用語が定義されて、ちゃんと証拠が出てくるまでは、眉にツバをつけて聞くべきだ。

018 ステレオタイプ化
Stereotyping

これはレッテル貼りと単純化のバリエーションだ。扇動家はある人の特徴を1つだけ取り出し、誇張して、それしかないような扱いをする。

副大統領・上院議員のヒューバート・ハンフリーに対して使われたのがこの手口だ。彼はしばしばおしゃべり屋だと揶《や》揄《ゆ》された。確かにハンフリーはおしゃべり好きではあったが、その話題は傾聴に値することも多かった。ステレオタイプ化は人間の複雑さや個性をはぎとり、たった1つの特徴に還元してしまう。

019 かっこいい大風呂敷
The glittering generality

扇動家は大風呂敷を広げる（＝一大改革を提案する）。大改革には複雑で広範な副作用がつきものだが、それを無視する。

> **「税制改革が必要です。この国の貧しい人々は、これまであまりにも長い間、税負担の重荷を負わされ続けてきました」**

と彼は尊大に宣言する。そして「貧乏人を搾取した」、「税制改革法を通さなかった」と対立陣営を攻撃する。かっこいい大風呂敷は手口としては安全だ。具体的な話をしなければ、批判も受けようがないからだ。

020 スローガン
Slogans

聴衆は気の利いたスローガンは忘れないけれど、そのスローガンの意味を批判したりはしない――それどころかスローガンの意味すら考えない。

「アメリカ――愛するか、それとも去るか」

「戦争より愛を」

「銃が不法(アウトロー)になれば、銃を持つのは犯罪者(アウトロー)だけ」

021 転移
Transfer

この技法は、聞き手の感情を、ある対象から別の対象に移すように仕向ける。タバコの広告はいつもこの手を使う。広告の背景にはグランドキャニオン、前景にはL&Mのタバコの箱。

「誇りの紫煙、誇り高い国の製品です」

という見出し。そしてキャプション。

「タバコはグランドキャニオンと同じく、アメリカの伝統の誇り高い一部です。L&M社は、タバコを、その伝統にふさわしいものに仕上げました。豊かでさわやかでなめらかなL&M。誇り高く吸いましょう」

ほとんどあらゆる雑誌に、KOOL社の宣伝がある。このタバコの広告は、いつも緑豊かな田舎を使う。あるいはマールボロ・マンやヴァージニア・スリム女たちがいる。**「ベイビー、ずいぶん遠くまできたね」**。

この転移の技術により、われわれは国土に誇りを持ち、美しい田舎に恋いこがれ、たくましいマールボロ・マンや細身のヴァージニア・スリム女を称賛する。そしてわれわれのポジティブな感情は、宣伝されている商品に乗り移るのだ。

022 有名人の証言
Testimonial

これは転移のバリエーションだ。重要な、または有名な人や組織が、ある考えや製品をすすめる。われわれは単に偉い人のおすすめというだけで、そのアイデアや製品の味方をしなければいけないような気になる。

ダレソレは重要人物だ。重要人物なのは、人より頭がいいか、ものを知ってるからにちがいない。だからこの件についても詳しいはずだ。よって、この人を信じなければならない……つまりはその人への評価を、その人が宣伝しているアイデアや製品に転移させなさい、というわけだ。

023 “みんな仲間”
Plain folks

「私もあなたと同じ、ただの一市民です」

扇動家はときおり、仲間意識を利用して支持を得ようとする。町内会に顔を出し、病院を訪問し、普段着で写真におさまる。ジミー・カーター大統領がこの手を使った。スーツ姿ではなく、カジュアルなセーター姿でテレビに登場したのだ。しかも省エネというご立派な大義名分つきで。大統領が省エネに気を遣った服を着るなら、みんなもそうすべきじゃないか?

いま挙げた例について、ひとつ大事なコメントを。プロパガンダは、悪い目的にもよい目的にも活用できる。もう一度定義を繰り返しておく。プロパガンダは説得技法の一種でしかない。“みんな仲間”というテクニックの背後には、ある人物が仲間なら、その人の言うことも信用できるという考えが隠されている。つまりこれは、転移の技法の一種だ。

コマーシャルはもちろん、この手口を利用する。**「街の声」**がよくあるやり方だ。**「おふくろの味」**を名乗るアップルパイもあるし、どこにでもいそうな主婦が、この製品を使ったらずっと楽しく、自由になりました、と証言したりする。

024 俗物根性へのアピール
Snob appeal

プロパガンダは一方で、ステイタスを求めたい、特別扱いされたい感情を利用することもある。

「ちがいのわかる男の〜」
「選ばれたあなたの〜」
「高い趣味をお持ちの方に〜」
「エレガンスをあなたに」
「最高にこだわる人のための逸品」

などなど。

025 文脈を無視した統計
Statistics without context

扇動家はあれこれ統計を持ち出すけれど、その統計の背景についてはほとんど語らない。どうやって集めた数字か、出所はどこか、母集団の規模はどのくらいか、といった話はほとんどしない。意図的に５人を選び出せば、どんなことであっても８割の人が同意するようにできる。

026 “たくさんの方が……”(大数)
Large numbers

これは「**バンドワゴン・アピール(みなさんやってますよ!)**」技法のバリエーションだ。ロレアルのヘアカラーの広告(ちなみにカラーはcolourと、uを使ったイギリス式のカッコつけた綴りになっている)はこう主張する。

「世界の美容師25万人以上が、ロレアルのヘアカラーの威力を信じています。これ以上何を言う必要もないでしょう。
ロレアル:美容師25万人はまちがえません」

大数(非常に大きな数)を使う見事な例を、フォルクスワーゲンの広告で見かけた。

見出し**「なぜVWラビットは、デトロイトでいちばん売れている外車なのでしょうか?」**
そして宣伝文句**「デトロイトっ子の詳しいことといえば、そう車です。なにしろ寝ても覚めても、車のことばかり考えているのですから。そして外車を考えるときに、いちばん買うのがVWラビットなのです」**

なるほど、美容師25万人やデトロイト市民たちがまちがえるはずもない!

027 問題のでっちあげ（悪者、スケープゴート）
Manufactured problem / bad guy / scapegoat

扇動家は問題をでっちあげたり誇張したりして、それが深刻だと思わせる。そして問題の責任は誰にあるとか、自分の提案で解決するとかもちかけて、あなたの歓心を買う。扇動家は多くの場合、悪者や犠牲者（スケープゴート）、石を投げる相手を必要とする。その糾弾のおかげで、扇動家の話は真剣に聞こえるし、引き合いに出された問題も、深刻で急を要するように聞こえる。

028 事実のでっちあげ（カードスタッキング）
Arrant distortion / card-stacking

扇動家は一面的な見方を示すために、情報の一部だけを持ち出すときもある。ときには都合のいいデータを捏造《ねつぞう》したりもする。あるいはあっさりウソをついたり。真の事実を知らないわれわれは、反論することもできない。知らないうちに、相手の有利になるような手札を仕込まれたトランプをやらされているようなものだ。だからこのテクニックは、**仕込み（カードスタッキング）**とも呼ばれている。

029 命令
The command

この手口は危険だ。逆噴射する可能性が高いからだ。**あーしろ**

こーしろと命令されるのが好きな人もいる。扇動家が命令するとき、それはこうした権威を求める心に訴えかけている。

まとめ

もう一度強調しておくけれど、感情への訴え自体にいけないことは何もないのと同様に、プロパガンダ自体にもいけないことは何もない。だが、プロパガンダはプロパガンダとして理解しておくべきで、それに操作されるべきじゃない。

第3章

感情的表現③ ほのめかしをうまく使う

誰かが誰かにメッセージを伝えるとき、そのメッセージは少なくとも2つの、ちがったレベルで機能する。

第1レベルは、実際に言ったこと。第2レベルは、口にしてはいないけれど、実際の**発言の背後に隠された、もうひとつの「言いたいこと」**だ。人の発言は、実際より多くのことを語ってしまうものなのだ。それはヒントを提示したり、はっきりと形になっていない信念や考え方を反映してしまう。

ほのめかしは、ひとつの考えを、聞き手の心の中に忍び込ませる。そうしろとはっきり言ったわけでもないのに、聞き手に推測させ、ある考えや考え方を、受け入れるよう仕向けるのだ。

030 ヒントを出す
The hint

ほのめかしには、さまざまなバリエーションがある。そのうちの1つ、「ヒント」には、痛々しいほどストレートなものもあれば、見事なまでにさりげないものもある。

ヒントを出す人は、その場の雰囲気を探って、相手がこっちの要望にどのくらい応えてくれそうか、探りを入れているのかもしれない。エサをぶらさげて、そのエサに相手がどう反応するかを見るわけだ。あるいはそのヒントを使って、相手の考えを調べているのかもしれない。

アレンとアンがデートしているとしよう。

「うちにこない？ そのほうが落ち着くから」

と言うアレンは、実際に考えていることを**口に出すのが怖い**。アンが喜んで承知してくれれば、アレンとしては安心できるし期待も持てる。すぐに乗ってこないようなら、アレンはあまり強く出られないなと思うだろう。そしてはっきり断られた場合でも、アレンとしてはメンツが保てる。アンは自分のことをイヤだと言ったわけじゃない。単に家にいくのがイヤだと言っただけだ。

このヒントを使って、アレンは実際に深入りしなくても、様子を探れたことになる。

夫婦が宝石店の前を通る。

「まあきれいなネックレス!」

と妻が叫ぶ。ほんとうはそれが欲しくて、でもハッキリ夫に頼むのは気が進まないのかもしれない。彼女のコメントの後でなら、夫が主導権をとれる。

もし夫が、「買ってやろうか」と言わなくても、妻としては明確に拒絶されたわけではないから、傷つかずにすむ。

一部の人は思ったことをハッキリ口に出せるし、ハッキリ拒絶されても平気だ。でも多くの人は、思ったことをハッキリ口にはしにくいと思っている。だから保護するバリアがいる。ヒントは、そうしたバリアを提供してくれる。

031 強調
Accent

単語を1つ、強調して発音するだけで、かなりのほのめかしができる。たとえばこんな発言を考えてみよう。

「私は自分の所得税の申告をごまかそうとしたことなんかない」

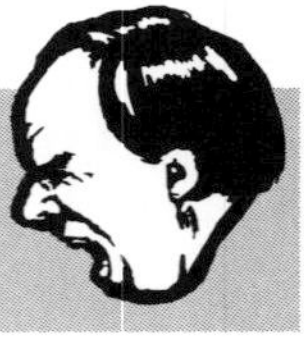

これを言うときに**「〜そうとしたことなんか」**を強調すれば、これは、「意図的ではないごまかしはあった」とほのめかしているのかもしれない。

「ごまかそうと」を強調すれば、「『ごまかし』というほどではない過少申告はしたけどね」という意味かもしれない。

「自分の」を強調すれば、「他人の申告書を書くときにはごまかすよ」という意味かもしれない。

「所得税」を強調したら、「住民税はごまかすよ」とほのめかしてるのかもしれない。

もちろん、これが紙に書かれていたら、読者は勝手な部分を強調して、好きなように意味をゆがめられる。

032 証拠の選択
Selection

人は証拠を選んで、それだけを示すことで、特定の考えを押しつけることができる。

母親が息子に、
「今学期の英語のクラスはどう?」
と尋ねる。
息子はいかにも得意げに、
「こないだのテストで95点取ったばかりだよ」
と答える。

この発言は、**他のテストはぜんぶひどい成績で、平均点は55点しかない**という事実を隠している。

でも母親がそれ以上追及しなければ、うちの子はずいぶん優秀ね、と大喜びかもしれない。

リンダがスーザンに聞く。
「ディケンズはどのくらい読んだ?」
スーザンは答える。
「うん、『ピクウィック・クラブ』は大好きよ」

この発言はひょっとしたら、実はディケンズの小説で読んだことがあるのが『ピクウィック・クラブ』だけだという事実を隠している可能性がある。

しかもスーザンってもしかしたらディケンズマニア? という印象を与えられるかもしれない。

033 口調を変える
Tone of voice

声の調子(トーン)を変えれば、はっきり明言することなしに、ある考えや考え方をほのめかすことができる。

トイレで喫煙している生徒を、先生が捕まえたとしよう。この生徒のことを報告しなくてはいけないけれど、お気に入りの生徒なので、あまり厳しい処分は避けたい。そこで先生は、さりげなく校長室に向かう。

「ちょっと残念なお知らせがあるんですよ」
と彼は、**柔らかい、悲しげな口調**で告げる。
「テディ・ジョーンズくんがタバコを吸ってるのに出くわしたんですよ——最近はずっと優等生だったんですがねえ」

さてこの先生は、ここで3つのテクニックを使っている。

(1) **さりげない、事を荒立てない言い方**と**穏やかな口調**は、これが大した話ではないという印象を与える。

(2)「吸っているのを捕まえた」と言わずに「吸っているのに出くわした」という**言い換えをする**ことで、非難の調子も弱まる。

(3)「最近はずっと優等生だった」という部分は、この生徒に対して、校長が好意を抱くように仕向けている。

この先生は、お手柔らかにしてくれとはっきり言ってはいないが、このプレゼンテーションはまちがいなく、校長先生があまり厳しい処分をしないようにお願いしている。

逆にこの先生は、校長室に駆け込んで、

「いま、ジョーンズが便所でタバコを吸っているところを捕まえましたよ」

と言うこともできる。この先生は、厳しい処分をはっきりと求めたわけじゃないが、校長をそういう方向に仕向けたのはまちがいない。

034 言い回しを変える
Phraseology

発言の言い回しを変えれば、いろいろなほのめかしができる。さっきの先生の例で挙げた2つの言い回しが、この原理の好例だ。

強い言い回しを使い、「テディ・ジョーンズくん」というかわりに、「ジョーンズ」と呼び捨てにすることで、「気にくわない」という話し手の考え方が示されている。

「ベティは遅い」と言うのと**「ベティはまだ来てない」**と言うのは、オモテの意味は同じだけれど、前者はそれを快く思わない姿勢がにじみ出ているし、後者は中立的な姿勢だ。

バートランド・ラッセルは、話し手のスタンスが発言にどのように表れるかを示すしくみを発明し、それを冗談まじりに「不規則動詞の活用形」と呼んだ。たとえば、

(1) 私は意志が固い。

(2) あなたは頑固だ。

(3) あいつはどうしようもない石頭だ。

このそれぞれは、表面の意味は同じだけれど、ニュアンスはちがっている。

(1)′ 私は意志が固い。これはよいことだ。

(2)′ あなたは頑固だ。これはあまりよくないことだ。

(3)′ あいつはどうしようもない石頭だ。これは非常に悪いことだ。

意味の同じ発言が、言い回しによってまったくちがう含みを持つようになるという古典的な例に、こんなのがある。

「グラスは半分空だ」
「グラスは半分まで入っている」

どっちも言っていることは同じだが、それぞれちがう考え方を表現している。こんな発言はどうだろう。

「デイジーはデビーより太っている」

これを聞いて、ほとんどの人はデイジーがデブだと思うだろう。でもそれは、必ずしも事実ではない。この文が言っているのは、単にデイジーがデビーよりは太っているということだけだ。デイジーについてもデビーについても、太っているとは言っていない。

同じことを、こう表現することもできる。

「デビーはデイジーよりやせている」

こうすると、2人とも比較的やせているような印象が出てくる。でもここでも、デビーもデイジーもやせているとは言っていない。単にどっちかが相対的にやせていると言っているだけだ。

035 単語の選び方
Word choice and evaluative words

単語の選び方は重要だ。オモテの意味が同じ単語でも、聞き手に与えるイメージはまったくちがったりする。たとえば、次のような単語を見て、そのイメージを考えてほしい。

- **痩身、ほっそり、細身、やせ、ガリガリ**
- **匂い、臭気、香り、芳香**
- **無邪気、ナイーブ、無知、単純、単細胞**

事務員でなく、**事務屋**と呼ぶ。役人でなく、**宮仕え**と呼ぶ。医者と言わずに**先生**と呼ぶ。

このような含みのあることばは、ただ事実を述べているようなふりをしつつ、実は何かについて評価を下している。

ものごとを客観的に記述する単語と、主観的に評価する単語とは、注意して区別する必要がある。

セイヤー氏がシモンズ氏にこう言う。

「ああそういえば、職場に新人がきたよ。リック・ロリンズだ。確か知り合いだって?」

シモンズ氏はこう答える。

「ああ、ろくでもないヤツだよ」

これでシモンズは、セイヤーがロリンズに偏見を持つように仕向けた。ろくでもない、ということばは別に何の意味も持たず、単に**自分は気にくわない**と言っているにすぎない。

こうした否定的な態度は、きちんと検討されずに見すごされることがあまりに多い。セイヤーとシモンズは別の話題に移り、セイヤーのロリンズに対する評価は、前より下がったままだ。

修飾語の使い方には特に注意がいる。それがものごとのたんなる描写に使われているのか、条件をつけているものか、あるいは実際にはその対象や人物に評価を下しているのか、見極める必要がある。

「このリンゴは青い」と言ったとき、「青」は単なる記述に使われているだけだ。でも、

「ハーブさんはうらやましさに真っ青になってたよ」

と言ったら、このときの「青」はハーブの振る舞いについて、評価と判断を下すのに使われている。ハーブ自身が、「すごくうらやましい」とはっきり述べない限り、本当に彼がうらやましがっていたか

はわからない。ぼくにできるのは、せいぜい推測を事実として粉飾するくらいのことだ。そして聞き手であるあなたは、その推測を、事実として受け取るかもしれない。

「ベンは慎重に部屋に入った」

と言ったら、これは推測をしている。ベンは慎重に歩いているように見えるかもしれないけれど、ほんとうに慎重かどうかはわからない。慎重という用語も、**推測が事実のような顔をしてまかり通っている**例だ。

修飾語を耳にしたら、そのことばが意味している判断を、事実として自動的に受け入れないこと。ちゃんとした理由が伴わないのに、修飾語が含意している評価を真に受けないこと。

036 たとえ(比喩)
Metaphor

ほのめかしの手口としては、たとえ(比喩)も使える。

「そこでヴィヴィアンはビフにすり寄った」

と言えば、「すり寄った」という比喩は、実際の意味よりはるかに多くのものをほのめかしている。ヴィヴィアンが誘惑しようとしている、と糾弾しつつ、あなたにもその見方を受け入れるように誘導しているわけだ。

ヴィヴィアンについて、話し手の否定的な態度を表明するにとどまらず、聞き手にもその態度を、受け入れるようにほのめかしていることになる。

比喩はしばしば、感情的なバイアスを作り出しつつ、それを説明したり理由づけせずにすませるために使われる。ここでも、決めつけが事実のような顔をする。比喩は確かに、発言を生き生きと鮮やかにしてくれるけれど、フェアでない使われ方をすると、「そんなことなんでわかるんだ」ということまで、話し手がほのめかせるようになる。

037 並列
Juxtaposition

2つの発言が行われる。両者の関係は説明されない。でもその発言が内容的に近いので、両者は関係があるとほのめかされる。

たとえばこんな新聞の見出し。

「市長、第3期の出馬を断念」
そしてキャプションには
「破産に瀕す市財政」

市の財政悪化が、市長のせいだとはどこにも書かれていないけれど、読者はまちがいなく、そう推測するよう仕向けられている。

038 無関係なディテール
Irrelevant detail

ときには関係ないディテールが挿入されて、聞き手を誘導しようとする。

ニュースのアナウンサーがこう述べる。

「○○市の××慈善協会が、毎年恒例の募金キャンペーンを開始しようとしています。この協会は最近、パークアベニュー335に本部を移しました。ここは市内でも一等地とされています」

この最後の**「一等地とされている」**という一文で、アナウンサーはかなりのことを示唆している。

「なぜこの慈善団体の本部が、市内の一等地なんかにあるのか?」

「そんな地価の高そうなところに本部を置くなんて、この団体のお金の使い道は大丈夫だろうか?」

アナウンサーはそんな懸念をはっきり言わなかったのに、ほのめかしによって聴衆をある結論に誘導したということに注意。

もちろん、この架空の慈善団体が、集めた募金で私腹を肥やしている可能性は十分にある。でもそれが事実なら、ニュース屋の責任は、事実を集めて提示することだ。それをしないのは、無責任な行動だ。

ある一流新聞が、賛否両論の抗がん剤「レアトリル」についての記事を載せた。以下にその抜粋を載せよう。

「レアトリルの起源は、1920年代にさかのぼる。サンフランシスコの医師、エルンスト・クレブスが、密造ウイスキーの味を改善するための物質を探していたのが発端だ。

ふと思いついて、彼はがんを治す物質を探すことにした。そしてラットの腫瘍に効きそうな、アンズの抽出物を発見した。しかしほどなく、この抽出物の人体に対する効果は疑わしいことがわかる。

そして1949年に、生化学者で医学校の落第生だったエルンスト・クレブス・ジュニア（息子）が父親の抽出液を濾《ろ》過《か》し、有効成分を分離したのである。

レアトリル運動における、クレブスにつぐ重要人物が、60歳のアンドリュー・マクノートンである……（中略）……悪徳実業家で、カストロのキューバ革命では二重スパイとして働き、外国に武器を売ったこともあるマクノートンは、変わった科学理論の探求を行う財団を設立した。1956年、マイアミのドラッグストアでクレブス・ジュニアと出会ったマクノートンは、以後レアトリルに、財団の最優先事項として取り組んだ」

さて、もう一度いまの引用を読み直してほしい。ただし、以下のフレーズに注意すること。

✸「密造ウイスキーの味を改善するための物質を探していた」

✸「ふと思いついて」

✸「医学校の落第生」

✷「悪徳実業家で、カストロのキューバ革命では二重スパイを演じ、外国に武器を売ったこともある」

✷「変わった科学理論」

✷「マイアミのドラッグストアで」

これらのフレーズはすべて事実かもしれないが、この文脈では関係ないものだ。だがレアトリルに対する偏見を作り出すのには、役に立つフレーズだ。われわれの感情は、こうした無関係なディテールや、含みの多いことばによって操作できるのだ。

(訳注:ただしレアトリルがインチキ薬なのはまちがいない事実であり、またそれを主導していたのがまともとは言えない経歴の持ち主たちであったことを指摘するのは、不当な印象操作ではない)

039 イメージ単語
Image words

さらには特定のイメージのつきまとう単語がある。肯定的なイメージを持つ単語は、ものごとを実際よりもよく見せたり、不快な現実からトゲを抜いたりする。よくある例が、年寄りを指すのに「シルバーなんたら」と呼んだりするやり方だ。「マンション」「レジデンス」「ガーデン」といった名称が、ごく普通の団地につけられたりする(もちろんそういう名前のついたところの多くは、住むのに悪いところというわけじゃない)。ボールペンがステーショナリーと呼ばれたりする。

軍のスポークスマンはこんな声明を出す。

「昨晩、第43大隊は一連の防衛的行動を実施し、一群の住民を殲滅《せんめつ》した。これらの攻撃は、事前指揮の航空支援を受けたものである。友軍砲火は最小限にとどまり、戦略的に無方向の目標決定行動は、低優先度地域に限定された」

これを翻訳してみよう。

「昨晩、第43大隊は、村をいくつか攻撃して人をたくさん殺した。飛行機からの空爆支援も受けた。誤射で何人か死んだが、あまり多くはなかった。標的をはずれた爆弾もあったが、さほどの被害はなかった」

軍スポークスマンの婉曲的な物言いは、軍がへまをして無実の人が死んだ、という事実を覆い隠そうとしてのことだ。

040 大げさなことば／ジャーゴン／ダブルスピーク／ゴブルディーグック

Pompous language / jargonese / doublespeak / gobbledygook

大げさな物言い——ときにはジャーゴン（専門用語まがい）とか、ダブルスピーク（あいまいな話）とか呼ばれる——はしばしば、つまらないどうでもいいことを重要に見せかけるのに使われる。モンタナ州の荒野についての研究はこう書く。

「モデルの構成要素間の機能的関係を定義づけるにあたり、荒野・都市連続体の多元的なコンセプトが、安心継続的なコンセプトに取って代わった」

この文章の筆者に、これはいったいどんな意味なのか、なぜ必要以上にまわりくどいことばを使ったのか聞くと、「一般人向けの雑誌には載せられないような、極めて複雑なコンセプトを表現しようとしたんだ」と答えた。

こんなくだらん文章を理解できる人のほうが珍しい。単なるハッタリであり、別名「ゴブルディーグック」(わけのわからぬ言葉)としてうっちゃっておけばいい。

041 悪いイメージの単語
Negative image words

ネガティブなイメージのことばは、ポジティブなイメージを持つ単語や、前項の大げさな物言いと逆の効果を持つ。ものごとを、実際よりも悪く思わせるわけだ。

「レッドソックスはゆうべの試合で叩きつぶされた」

「あんな無能なやつは、立候補する資格なんかないね」

「この部屋はゴミためだな」

042 誘導尋問（コントローリング・クエスチョン）
Controlling question

質問を誘導的に行うことで、ほのめかしをすることもできる。

「そうですよね」
「ちがいますか」
「まちがいないですよね」

といったようなことばは、答える前に、ある返事を押しつけているのだ。

断固とした、押しつけがましい質問をすれば、もっと威力は増す。

「おまえ、今夜出かけたくないと本当に思ってるよな？　そうだろう？」

と聞かれたら、「いやそんなことはない、出かけたいんです」と言うのはなかなかむずかしい。

別の例を出そう。政治家の講演会で、出席者はいろんな問題について、候補者の意見を確かめようとしている。ターナー氏はこんな質問をする。

「先生、学校問題についてのお考えをお聴きしたいんですが。ご存じの通り、高校を移転したほうがいい、という強い意見があります。でも私たちの間じゃ、移転に反対する、それと同じくらい強い意見が多数派なんです。移転したら、この部屋にいるほとんどの人々は、無用な負担を強いられます……もちろん移転は市財政にも影響しますし。さて先生のお考えは?」

ターナー氏のねらいが、この候補者にある特定の回答をさせたいということなら、この聞き方は適切だろう。でももし候補者の真意が知りたいのなら、この聞き方はすごくまずい。候補者はすぐにみんなの期待している答えがわかるし、みんなの機嫌を損ねないように、慎重に答えるだろう。

まとめ

感情的な言い方やほのめかした言い方は、ことばや声の調子を通じて、話し手の肯定的・否定的姿勢を表現する。だが話し手は、なぜそういう態度を取るべきかという根拠を、きちんと説明しないことが多い。そうすると聞き手も、そういう態度や考えを、理由なしに受け入れたい誘惑にかられてしまう。

その理由は根拠に乏しく、不確実で、偏見と先入観にとらわれた、不公正なものかもしれないのに、感情的な言い方やほのめかかしは、それを覆い隠してしまうのだ。

人々は、こちらが強い口調で言ったからというだけで、こちらの言い分を疑念も抱かずに受け入れてしまうかもしれない。しかし、感情的な物言いを注意してみれば、発言内容よりも発言者自身について、より多くのことがわかるはずだ。

第4章
〈番外編〉
論理のごまかしを見分ける

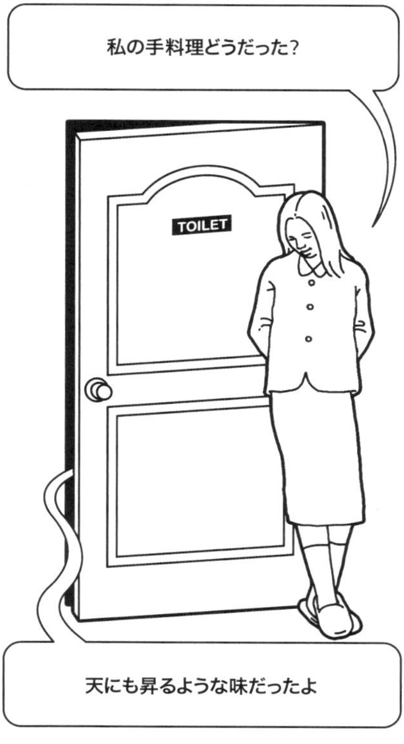
私の手料理どうだった?
TOILET
天にも昇るような味だったよ

もちろん、すべての話が感情的なわけじゃない。一部、またはほとんどの場合、そこには論理が——と言いつつ、実際にはそうでない場合もあるが——絡んでいる。その場合、その論理はまともな論理——つまり一定の論理的要件を満たす——か、あるいはまちがった論理（これを虚偽という）のどっちかだ。

虚偽というのは、思考法や論理展開の誤りだ。厳密に言えば、事実や考えのまちがいは虚偽に含まれず、思考のプロセスだけが問題となる。つまり、結論は問題となるけれど、結論の前提となる主張の中身は眼中にない。さらに虚偽ということばは、**「一見筋が通っていてもっともなように見えるけれど、実は正しくない」**結論を指すのが普通だ。

✹論証のしくみ

思考プロセスの一種が**「論証（議論）」**だ。論証は**命題（文章、話）**からなる。

命題のいくつかは**「前提」**（仮定、理由、主張）であり、こうした前提から導き出されるのが**「結論」**だ。「前提」がほんとう（真）なのだから、「結論」もほんとう（真）だ、と主張するのが「論証」というわけだ。

結論がほんとうに前提から論理的に導かれる場合、その論証は**「妥当」**、論理的に導かれない場合、その論証は**「不当」**（訳注：「非妥当」という訳語もあるが、本書では「不当」としておく）になる。「妥当」「不当」ということばは、結論と論証にだけ使えて、前提には使えないことに注意。

前提の話をするときには、それが「真(ほんとう)」か「偽(ほんとうでない)」かで考える。

> **「論証(議論)」＝「前提」＋「結論」**
> **「前提」＝「真」or「偽」**
> **「結論」「論証」＝「妥当」or「不当」**

ある論証を判断したいときには、前提と結論を両方吟味しなければならない。前提＝証拠は、完全で正確なものでなければならない。結論は明確に、異論の余地なくその証拠から導かれるものでなければならない。

✷論証の「虚偽」

論証がうまくいかないときは、以下のまちがいのどれかを犯したんだろう。

(1) 証拠が不十分だった。矛盾する証拠を、見落としたり無視したりした

(2) 証拠が不正確だった。まちがった、裏づけのない、誤解を招く命題を事実として主張した

(3) 結論が明確に異論の余地なく証拠から導かれない。証拠と結論との関係がしっかりしていない

こうした現象が論証の中で起きると、この論証は「虚偽」であると言われる。その論証は、実際には証明していないことを証明したと主張していたわけだ。

✷論証の「有効」「無効」

論証を考えるときには、もうひとつの見方がある。その論証が有効か無効か、で判断するやり方だ。論証が有効であるためには、

(1) 前提が真でなくてはならず

(2) 結論が前提から論理的に導かれなくてはならない(妥当)

どちらかでも成立しなければ、論証は正しいとは言えない。

✷三段論法を理解する

ここで5種類の論証を見てみよう。それぞれ2つの前提から結論を導く形になっていて、「三段論法」と言われる。

(1) 前提がどちらも真で、結論がその前提から論理的に導かれる

①すべてのゴリラは哺乳類である
②ボボはゴリラである
③したがって、ボボは哺乳類である

この論証は**有効**で、**妥当**だ。

(2) 前提の少なくともどちらかは偽だが、結論は前提から論理的に導かれる

①すべてのゴリラは人食い動物である
②ボボはゴリラである
③したがって、ボボは人食い動物である

この論証は**無効**だが、**妥当**ではある。最初の前提が偽なので、この論証は有効ではない。でも、結論は確かに前提から導かれるものではあるので、論証としては妥当となる。もしすべてのゴリラが本当に人食い動物であるなら、確かにボボは人食い動物となる。

(3) 前提はどちらも真だが、結論はそこから論理的には出てこない

①すべてのゴリラは哺乳類である
②ボボは哺乳類である
③したがって、ボボはゴリラである

この論証は**無効**だし、**妥当でもない**(不当)。ボボはクジラかもしれないし、サルやヒトかもしれない。その場合でも哺乳類にはなるのだから。

(4) 前提のどれかが偽で、結論もそこから論理的には出てこない

①すべての哺乳類は危険である
②ボボは危険である
③したがって、ボボは哺乳類である

この論証も、やはり**無効**だし、**不当**だ。なぜ無効なのかといえば、最初の前提が偽だからだ。妥当でないのは、結論が論理的に導かれないからだ。ボボはヘビかもしれない。

(5) 前提のどれかは偽だが、結論は真である

①すべてのヒトは動物である
②ほとんどの動物は木に登れる
③したがってほとんどのヒトは木に登れる

結論は真ではあるけれど、でもこの論証は**無効**だし、**不当**だ。結論が真だったのは、ただの偶然でしかない。つまり、前提から論理的には導かれない。「ヒト」を「イヌ」に換えれば、この論証が不当であることがわかる。

✷論証のまちがいと隠された前提

気をつけなくてはならないのは、「虚偽」ということばが、まちがった考え全般を指すことばとして使われる場合があることだ。だから、

「大学院進学者は、ほんとは社会に出たくないだけだ」

といった文を、広い意味で「虚偽」と呼ぶことはある。でも厳密には、この論証は単に正しくない(偽)だけだ。

ただしこういう発言は、通常は暗黙の前提から導かれていることが多いので、虚偽と考えることはできる。たとえばこんな具合。

a. 大学院生についての論証(1)

①大学院に進学する人は、就職しようと思えばできた
②でも就職していない
③だからほんとは社会に出たくないだけだ

あるいは、

b. 大学院生についての論証(2)

①私の知っている大学院生は社会に出たくないだけだ
②だから大学院生はみんな社会に出たくないだけだ

実は2番目の例には、さらに暗黙の前提がある。

c. 大学院生についての論証(3)

⓪私の知っている大学院生は、大学院進学者すべての立場を正しく反映している
①私の知っている大学院生は社会に出たくないだけだ
②だから大学院生はみんな社会に出たくないだけだ

このように、正しい考えもまちがった考えも、何らかの前提に基づいていると認識するのはとても重要なことだ。そしてその前提が何かをきちんと見極めるのが肝心だ。

前提をはっきりさせて検討したうえでないと、結論の価値は決められない。

✷論証の形式の誤り

論理展開のプロセスで何かまちがいが起きると、虚偽が生まれる。虚偽の中には形式による虚偽がある。つまり、論証の形式、論証の組み立てがおかしいというケースだ。さっきの論証「c 大学院生についての論証(3)」をもう一度見てみよう。

⓪私の知っている大学院生は、大学院進学者すべての立場を正しく反映している
①私の知っている大学院生は社会に出たくないだけだ
②だから大学院生はみんな社会に出たくないだけだ

この論証は妥当だろうか? つまりこの前提が真であれば、結論は妥当だろうか? ほとんどの人はこの問題を見て考えこんでしまう。論証としてはもっともらしいけれど、ほんとにそうなんだろうか? この結論は、異論の余地なく前提から導かれるだろうか? 論証の形式を検討することで、問題が明らかになる。

この論証は3つの部分からなっている。

✹私の知っている大学院生(これをXと呼ぼう)

✹すべての大学院生(これをYと呼ぼう)

✹社会に出たくない人(これをZと呼ぼう)

論証の形式はこうなる。

d. XYZに置き換えた大学院生についての論証

⓪すべてのXはYである
①すべてのXはZである
②したがって、すべてのYはZである

この論証の形式を検討するには、X、Y、Zにちがうものを置いてみよう——もっとはっきりわかるようなものだ——そしてそれでも命題が真かどうかを確認すればいい。

✹Xを「ネコ」

✹Yを「哺乳類」

✹Zを「本能的にネズミを追いかける」

にしよう。上に挙げた論証を使うと、こうなる。

e. ネコとネズミに置き換えた大学院生についての論証

⓪すべてのネコは哺乳類である(すべてのXはYである)
①すべてのネコは本能的にネズミを追いかける(すべてのXはZである)
②したがって、すべての哺乳類は、本能的にネズミを追いかける(すべてのYはZである)

ウマやウシやブタは、ネズミを追いかけたりしないでしょう。だからeの結論は不当だし、同じようにcの結論も不当なはずだ。dで書いたような形式を持つ論証は、すべて妥当ではない。三段論法の規則と、こうした形式的な虚偽については後でまた紹介する。

まとめ

もちろんすべての虚偽が形式面の虚偽というわけじゃない。形式面以外の虚偽も多い。非形式的虚偽は、せっかち・不正確・不注意な推論から生じたか、論証の前提がまちがっていたり不十分だったのに、そのまちがいや不十分さを見すごしたために生じる。

形式的でない虚偽を分類する方法はたくさんあるけれど、いちばんわかりやすいのは無関係、混乱、過度の単純化だ。

「**無関係の虚偽**」では、結論はまったく関係ない命題に基づいている。

「**混乱の虚偽**」は、ことばの意味や概念の扱いのあいまいさや混乱のせいで起こるもの。

「**過度の単純化**」では、人々はせっかちな結論に飛びついて、問題を十分慎重に考えない。

以下の章では、こうした各種の虚偽を見る。虚偽の項目がちょっと多すぎるように思うかもしれないが、わざとやっているわけじゃない。むしろ思考のぬかるみの中から、いろんな種類の虚偽を、なるべくわかりやすく取り出そうとしただけだ。

虚偽の出てくる順番は、けっこう適当だ。ある見出しの下にある項目は、別の見出しで挙げてもいいものだったりする。さらに、同じものが何度も出てくることがあるけれど、それは意図的なものだ。

最後に**「なぜこんなに虚偽って多いの?」**と尋ねたくなるかもしれない。**「ダメな思考法がこんなに多いのはなぜ?」**

その答えは序章に出てきた。序章の13原則を読み返し、以下の章を読むときにも忘れないこと。

第5章
無関係な話を持ち出す

われわれはもはや、
資源の過剰価格高騰利用と限界飽和に至った利用から離れ、
緊密なる反価格高騰手法の導入によって
費用のオーバーヘッドを抑制し、
検討内部分および検討外部分をも含め、
損失ゼロ近傍の運営予算を実現した。

要するにドウイウこと?
今年も赤字ってイミだよ

公私を問わず、各種の討論には、まるで関係ない話が驚くほど出てくる。目の前の問題から、あっさり目をそらしてしまう人があまりに多いのだ。

第1章〜第3章で紹介した感情への訴えかけ——恐怖心や同情心への訴え、おせじ、友情、プライド、罪悪感、信頼、希望などへの訴え——は、議論の是非とは無関係だ。

こうした訴えにはしばしば説得力はあるけれど、ある見解を受け入れるべき理由としては、適切ではない。

たとえば父親が息子に、**「芝刈りをしないと今晩車を貸してやらないぞ」**と言ったら、それは息子に対して芝刈りをすべきまともな理由を示したことにはならない。単に、芝刈りをしなければ何が起こるかを述べただけだ。

もちろん、息子は車を借りたければ芝刈りをするだろう。それでも、それは正しい理由で動いたことにはならない。

以下に、それ以外の無関係な話の例を挙げよう。その多くは、すでに述べた感情的な訴えやほのめかしのバリエーションだ。

人格談義

argumentum ad hominem

043 人格攻撃

Abusive

無関係な話を持ち出す例としていちばんありがちなのが、「人格談義」だ。つまり、語り手の発言内容に対する論証を、その語り手自身に関する論証にすりかえるのだ。

その一例が、人格攻撃というやつで、ある人物の主張の中身ではなく、その人の人格が批判・攻撃されることになる。

理屈としてはこういうことだ。

「Xという人物はYと主張しているけれど、Xはろくでもないやつだ、あるいはわれわれの認めがたい行為をやったことがある。もしXやその行為がイヤならば、Xの発言も嫌うべきだ。したがってYを認めてはいけない」

人はXの言っていることではなく、Xの人格に反応する。でもXの発言とその行動とは必ずしも関係ない。

ろくでもない人物でも、よい意見を持つことはある。このプロセスは、p.37で述べた「転移」の原理のバリエーションだ。ある人物についての気持ちを、その人物の発言内容に転移させるというわけだ。

044 地位や立場を非難する
Circumstantial

ある人物の意見について、あげつらったり批判したりする理由として、その人物の特定の地位や立場が持ち出される場合もある。

「市会議員のX氏は、市役所の屋根を葺《ふ》き替えるべきだと提案してます。しかしX氏は屋根の葺き替えを商売にしています。したがいまして、X氏が単に自分の仕事を増やそうとしているだけなのは明らかです。よってこの提案には、耳を貸すべきではありません」

こういう考え方はフェアじゃないし、X氏の提案の検討とは関係ない理由が挙がっている。

屋根は本当に葺き替えが必要なのかもしれない。この発言者は、X氏という人を判断したのであって、その意見を判断したのではない。

045 交友関係を非難する
Guilt by association

対人論証の別の例が、交友関係に対する非難だ。本人が何をしたわけではなくても、知人や友人、家族が判断の根拠とされてしまう。

あるクラブに出入りしているとか、義兄弟が横領事件を起こしたとか、奥さんがゴシップの種だとか、息子が兵役逃れをした、娘に私生児がいる、ギャング関係者とゴルフをした……等々。

問題にすべきは発言内容自体であって、交友関係ではない。交友関係が重要なら、なぜ重要なのかを説明すべきで、思わせぶりなやり方をすべきではない。

046 ポイズン・ウェル（井戸に毒を盛る）
Poisoning the well

話者の人格を攻撃するのに使える別のテクニックとしては「井戸に毒を盛る」といわれる手口がある。井戸に毒を盛ると、もとがどんなにきれいでも、汚れて使いものにならなくなる。

このテクニックを使うと、挽回しようとしてもかえって事態を悪化させざるをえないような中傷を敵に浴びせることができる。

市会議員**「市長は口は達者だ。実によくしゃべる。でも実際の行動となると、話はまるでちがう」**

市長に反論のしようがあるだろうか。黙っていれば、批判を認めたと受け取られかねない。でも弁明すれば、それはしゃべっているわけだ。そしてしゃべればしゃべるほど、非難を裏づけることにしかならない。井戸に毒が盛られ、市長は進退窮まったというわけだ。

責任転嫁
Passing the buck

無関係な議論の２つ目は、責任転嫁だ。これには少なくとも２通りある。「オマエモナー」と「質問返し」だ。

047 “オマエモナー”
Shifting the blame // Tu quoque

ラテン語のTu quoqueは英語の「you, too」にあたる。

ジョーンズがターナーに、

「報告が遅れたからって文句言うな、おまえだってしょっちゅう遅れるだろう」

なんて言う。これは事実かもしれないけれど、関係ない。いま問題になっているのは、ジョーンズの行動であって、ターナーの振る舞いではないからだ。ターナーの振る舞いは別の問題だ。

さらにターナーが締め切り破りの常習犯だったとしても、それでジョーンズの行動が正当化されるわけじゃない。「オマエモナー」の虚偽は、「罪のなすりつけ」とも呼ばれる。

048 質問返し（カウンター・クエスチョン）
Counter-question

何か質問に答えるかわりに、別の質問を返すやり方を「質問返し」という。

テイラーがフォーブスに、
「きみの要求を認めるべききちんとした理由を、ひとつでも挙げてごらん」
と質問する。フォーブスはこう答える。
「認められない理由を挙げてくださいよ」

返ってきた質問は、完全に無関係ではないにしても、この時点で話すべきことではない。

質問された側は、この2番目の質問をする前に、最初の質問に答えるべきだ。

彼はそれができないから、自分の立場の弱さを隠そうとして質問返しをしている。その可能性が高い。

無関係な理由
Irrelevant reason

さらに、無関係な理由づけがある。

みんながXという問題について討論している。だんだん、Xの細かい性質があいまいになってくる。理由が述べられ、裏づけの証拠も提示されるけれど、そうした理由や証拠は、Xについてではなく、Xと関係なくもない、別の話についてのものだったりする。

たとえば、新税の創設を認めるべきか、という議論をしているとしよう。するとある人がこう言う。

> **「認めるべきだよ。いまの税体系は複雑すぎて、わかりにくいし混乱ばかり招いているし」**

この人物の議論は無関係だ。いま話している新税の提案とはなんの関係もない。既存の税体系の欠点を指摘しているだけだ。

いまの税制がややこしいのは別問題。ややこしすぎるなら、どうやってそれをすっきりさせるかという議論をすべきだ。でもいまの税制がややこしいというのは、新税を導入すべきだという理由にはならない。

提示された証拠が、現在論じている問題と対応していること、周辺の話を裏づけているだけでないことを常に確認しよう。

049 “ノーンセクイトゥル”(前提と結論が無関係)

Non sequitur

無関係な議論のバリエーションとして、ラテン語でノーンセクイトゥル(non sequitur)、話がつながらないというものがある。これは、因果関係があると称するのに、実際には前提と結論の間になんの論理的な関係もないというもの。以下の議論を考えてみよう。

有名人がコマーシャルで、

「ねえみんな、そうは見えないだろうけれど、いまでもカメラの前では緊張しちゃうんだよ。だからぼくはペポミントを使うんだ。ペポミントは歯を白くします」

ここでの結論は、non sequiturだ。歯が白いかどうかは、カメラの前で緊張するのとはなんの関係もない。

では、この有名人がこんな議論でペポミントを買えと説得してきたら? これまたnon sequiturになる。

「カメラの前では、なるべく歯が白いほうがいいね。ぼくの場合、これにはペポミントが効く。ぼくに効くならきみにも効くはず。だからアップの撮影に向けて白い歯がほしければ、ペポミントを買いましょう」

厳密に言えば、これはアップの撮影なんかをされる人だけを相手にした議論だ。もちろん、コマーシャルはそんな人だけを相手にしているわけじゃないけれど、でもこのコマーシャルが実際に言っているのはそういうことだ。

038 無関係なディテール（再登場）

Irrelevant detail

無関係で選択的なディテールについては、第3章ですでに述べた。別の見本を、これまた一流雑誌から見てみよう。

欧州人権裁判所は、体罰の習慣について調査していた――具体的には、マン島における、14歳から20歳までのむち打ち刑の是非だ。記事はこの調査に対する人々の反応を記述しており、その冒頭はこんな具合だ。

> 「凍てつくようなある日、4000人強の抗議者たちが国歌を歌いながらプラカードを掲げ、世界最古の議会のひとつであるタインワルドを行進し、『ムチを守れ』と要求した。
> 葉巻をくゆらす主婦、盲目の議員、そしてむち打ち支持の判事に率いられたこの抗議デモは、この人口6万人の静かな島で起きた大規模デモとしては初のものだった。『私たちは断固としてムチを維持します』と主婦ペギー・アーヴィングは主張した。『私たちの未来すべてが問われているんです』」

これはなかなか刺激的で華やか、かつ楽しい記事だが、ニュース報道としては無責任で、プロ精神を欠く。読者としては、この文章を読んで、抗議する人々について先入観を抱かずにはいられない。ペギー・アーヴィングの大げさな発言を読んで、われわれは笑ってしまう。この記事の書き手は、読者の態度を読者自身に決めさせずに、勝手に操作してしまっている。

「葉巻をくゆらす」「盲目の」「むち打ち支持の」といった単語は、議論の当否とは関係ない――そしてアーヴィング夫人の発言は、都合のよいところだけが抜粋されている。記者が別の発言を選べば、印象はまったく変わっただろう。

さらに、この記事の導入部では、この調査について、**「マン島の最も神聖とされる伝統――若き犯罪者をむち打つという習慣の調査」**と書かれている。「若き」ということばに注意。「若年」「未成年」といった単語ではない。「若き」というのは、通常は無邪気、遊び、きまぐれといった含みとともに使われることばだ（訳注：つまり若者のちょっとした非行もむち打つ残酷な慣習、という印象を強めている）。また導入部では、むち打ちの対象が男性だけだという点は伏せられている（訳注：これにより、読者の少なくとも一部は、女性もむち打ちされるのだと誤解するだろうし、記者はそれをねらっているのだと考えられる）。

さらに「神聖な」ということばにも注目。このことばは、人々が体罰の権利を神聖不可侵と考えているのだという印象を与え、したがってこうした人々が狂信者集団だという印象をもたらしている。

さらにこの記事が言及している内容は、おそらくすべて事実ではあることに注意。でも、この文脈では、そうした事実の多くは関係ない。

こうした無関係なディテールは、マン島の人々に対して偏見を作り出す。残念ながら、この記事が招く判断は、読者自身が下したものではなく、書き手が下したものとなっている。別の書き手であれば、別のディテールを選んで正反対の判断をもたらすこともできただろう。

さて記者が、ある判断や考え方を広めようとするのはまったく正当なことだ。だがこの権利は、記者が自分の考えを遠回しにでなくオープンに語り、かつその根拠を明らかにすることが前提となっている。自分の見方を、ひそかに文中にすべりこませるだけというのは、文章の書き方として無責任だ。

(訳注：著者の主張としては、この文はむち打ち肯定派を故意に悪く見せようとしている文章だ、ということになる。だが必ずしもそうとは限らないのではないか。葉巻主婦や盲目議員は、カラフルな印象で確かにほほえましいが、別に悪い印象ではない。後にあるような「狂信者集団」などという印象はまったく受けず、むしろ多種多様な住民が一堂に会した印象のほうが強い。著者の先入観がこの文章の理解をゆがめているように感じられる)

050 脅しをかける

Appeal to force // argumentum ad baculum

これまた無関係な議論として、argumentum ad baculum、つまり「力への訴え(脅し)」がある。判事が証人に対して、

「協力しないと法廷侮辱罪を適用しますぞ」

と言ったとする。プレッシャーや強制はときに役に立つが、何かをするためのよい理由にはならない。法廷侮辱罪ということばには、協力すべきよい理由は含まれていない。ただ単に、証人が協力しないと何が起こるかを述べているだけだ。

力への訴えは要するに、「権力者は文句なしに正しい」という主

張をしているのと同じなのだ。脅迫者はこの論法を使うし**「おれの言う通りにしろ、さもないと!」**と言う人間はみんなそうだ。

051 無知に訴える論証

Appeal to ignorance // argumentum ad ignorantiam

無関係な議論の別の例として、無知への訴えがある。この訴えにもいろいろやり方がある。

「主張を証明できないなら、その主張は嘘だ」

「私の主張を否定できないなら、私の主張が正しいことになる」

たとえば、

「誰も神の存在を証明したことはない。したがって神は存在しない」

「市役所で汚職が行われているという証拠は何ひとつ挙がっていない。したがって、汚職があるという主張は嘘だ。汚職なんかない」

言うまでもなく、証拠のない前提を受け入れるべきではない。でも、証拠がないからといって、その前提が必ずしも嘘ということにはならない。単に、主張を裏づけるものがないというだけのことだ。

市役所の汚職について具体例を思い出せなくても、汚職がないことにはならない。

単に、私がそういう例を思い出せないというだけだ。実は2週間前に新聞で汚職事件の一覧を見ていたが、あえて詳細を覚えておこうとしなかっただけかもしれない。

何かを証明できなくても、それだけであなたの主張が誤りということにはならない。

それはあなたの弱みではあっても、あなたの主張自体の弱みではないかもしれない。

権威への訴え

Appeal to authority // argumentum ad verecundiam

次に挙げるのは、権威への訴えとしてまとめられる手口だ。

議論を補強するために、外部の情報源の話や意見を参照することはよくある。だがその話や意見は、いま論じている具体的な問題とは関係ないかもしれない。しかし無関係であることに気づかない人々は、この無関係・不適切な権威により、考えを左右されてしまうのだ。権威への訴えはさまざまな形をとる。

052 イプセ・ディキシット（**“○○さんもおすすめ！”**）

He said it. // ipse dixit

これは第2章で紹介した「証言」のバリエーションだ。

有名な／一流の／すごい肩書きの人物が、ある考えや議論に賛成したとして引き合いに出される。だがその人物は、自分の専門外についてコメントすることもある。その場合、その意見は、普通の人の意見と同列に扱われるべきだ。

だが聞き手の多くはそれに気がつかない。有名人に対する肯定的な評価を、その発言にも転移させてしまう。たとえば、

「刑務所の改革が必要です。しかもすぐに。いまの刑務所は、人間が生まれながらにして持つ尊厳を奪っているのです。かつて偉大な人道主義者アルベルト・シュヴァイツァーは、こう語りました。『人間としての基本的な権利や尊厳が奪われている人がひとりでもいる限り、誰も自由とは言えない』と。このままでは、みなさん、誰も自由とは言えないのです」

この引用文はつっこみどころ満載だが、とりあえずシュヴァイツァーへの言及を見よう。シュヴァイツァーは大人道主義者だったかもしれない。引用通りのことを言ったかもしれないし、またその発言は高貴なものだったかもしれない。でもそれはここでの問題とは関係ない。

まず、シュヴァイツァーは刑罰については素人だ。第2に、ここでの引用は一般的で理想論的なものであって、刑務所制度とは無関係だ。シュヴァイツァーの引用は、文脈を無視している。もともと意図していなかった意味を背負わされている。

重要人物が何かを言ったからといって、その発言が真実だとか意味があるとかいうことにはならない。

053 過去または過去の権威に訴える
Appeal to the past or to past authority

シュヴァイツァーの例は、別種のイプセ・ディキシットを思い出させる。過去または過去の権威への訴えだ。

聖書、ワシントンやリンカーンやキング牧師からの引用、シェイクスピアの一節、プラトンやアリストテレスの議論などが、自分の意見の正当化のために利用される。

こうした情報源は、いま論じていることとは無関係なことが多く、シュヴァイツァーの引用でわかるように、文脈を無視して引用されることも多い。過去の権威——聖書を含む——を使えば、ほとんどどんな意見でも証明できる。こうした言及は、証明や証拠だと思わないこと。

何かが本に出ていたり、重要人物がそれを言ったりしたというだけでは、それを認める理由にはならない。ちゃんとした証拠や証明だと思いこむ前に、まず文脈を見て、それが関係あるかどうかをはっきりさせるべきだ。

054 漠然と権威にすがる
Vague appeal to authority

さらには、もっと漠然とした権威への訴えがある。

「医者はこういっている……」
「一流病院の意見では……」
「一流大学での実験結果では……」
「新聞によれば……」
「ラジオで言ってたけど……」
「話によれば……」
「聞くところでは……」
「どっかで読んだんだが……」

この手の話が証拠として持ち出されてきたら、もっと具体的な話が出てくるまで問いつめるか、無視すべきだ。妥当な議論であっても、詳しく調べるまでは事実と受け取ったり証拠扱いしたりしてはならない。

055 決めつけ
Apriority

決めつけも、まちがった権威づけの一種だ。決めつけで議論するときは、思いこみでものを言っている。自分が正しいと思っていることを、真実そのものと考えてしまう。決めつけを示すよくある導入句に、

「ご承知の通り……」
「確信していることですが……」
「私の経験によれば……になります」

といったものがある。

たとえば、友人とドライブしていて、どちらも知らない場所にきてしまったとする。ガソリンはほとんど空なので、「おい、この道はやめて、ガソリンスタンドを探そうよ」と言う。すると友人は、

「大丈夫だって、この道にも絶対にあるから」

と答える。実は友人だってそんなことは知らない。単に勘か、願望まじりでものを言っているだけだ。

彼は過去の運転経験から、主要道路には必ずそれなりの間隔でガソリンスタンドがあると考えたか、あるいはこの道にあったのを見たことがあるのかもしれない。いずれにしても、その先にあるとは断言できない。

決めつけの議論は、第1章で出てきた感情への訴えの**「005 希望に訴える」「010 プライドや忠誠心に訴える」**に似ているが、まちがった権威づけの一種だ。主張を裏づける具体的な証拠を提示できない人は、自分の主張について自信がなく、何も知らないのだ。過去の経験は、推測や判断のよすがにはなるが、それだけに頼るのは危険だ。それがたとえ専門家であっても、推測は推測にしかすぎない。

056 信頼に訴える
Appeal to faith

決めつけと密接に関連しているのが、信頼への訴えだ。

「だからちゃんとわかってやってるって。黙って信じてくれよ。な、信用して」

こう言われちゃしょうがない、とこの人物に従うときには、リスクを冒していることは忘れないこと。結果オーライかもしれないけれど、そうなる保証はない。

057 「聖域」
The sacred cow

さらに「聖域」とでも名づけられそうなアピール法がある。人が大切に思っている思想がある。正義、自由、民主主義、法、宗教など。

自分の考えに反対するのは、こうした思想に反対しているに等しいという論法は、無関係な「聖域」への訴えかけだ。

「今朝の神父さんの意見に賛成できないってどういう意味だよ。おまえ、宗教に反対するのか?」

「大統領を批判するということは、大統領が代表しているものすべて、つまり民主主義やアメリカ的な生き方を批判するということだぞ」

こうした考え方はナンセンスだ。ある人物の発言を攻撃したからといって、その人物や、その人物のよって立つ理想を攻撃したことにはならない。

少数派——宗教、人種、民族、各種圧力団体——はこの手を使うことがある。

「私に反対する理由はわかってるわ。あなたは単に反フェミニズムなのよ」

「みんなも知っているように、このコミュニティには反モラヴィア(チェコ東部の一地方)人感情が根強い。ピーターが強盗未遂であんなに厳しい判決をくらったのも、モラヴィア人だからだ」

この訴えはさっき述べた、対人論証の一種だ。それはしばしば——いやほとんどの場合——ことの本質とはまるで関係ない。

058 警句、故事成句、スローガン、ことわざ、決まり文句など

Aphorisms, cliches, slogans, proverbs, platitudes

警句、故事成句、スローガン、ことわざ、決まり文句などは、説得や納得させるときの権威づけとして使われることがある。たとえば、**「なせばなる、なさねばならぬ、何事も」**という格言は、**「頭を空っぽにしてとにかくがんばれ」**という尻叩きとして使われることが多い。

ショッピングに行こうという奥さんに対して、だんなはこう答えるかもしれない。

「おまえ、忘れちゃいけないよ、愚か者ほどあわてて買い物するんだ」(A fool and his money are soon parted.「愚か者の金はすぐにその手を離れる」ということわざから)

政府の軍事活動を批判するために、**「汝の隣人を愛せよ」**が引用される。何かをするのをためらっている人の背中を押すのには、**「人が恐れるべきなのは、恐怖心そのものだけだ」**(フランクリン・ルーズベルト大統領のことば)が使われる。こうした故事成句は話の中身とは無関係だ。具体的な問題について、何ら権威を持っていない。単に話を単純にしすぎているだけだ。

もっと言えば、ある議論を立証しようとして格言を持ち出しても、それとまったく正反対の意味の格言が必ず見つかるものだ。

さっきの奥さんは、**「お金は墓へは持って行けないのよ」**とやり

かえせる。

尻込みしている人は、**「石橋を叩いて渡る」**と言いかえせる。

そして政府の軍事活動を支持する人は、**「七生報国《しちしょうほうこく》」**という古い成句を持ち出せばいい。

こうした成句の利用は証明にも証拠にもならず、議論の補強にもまるでならない。むしろ話を混乱させる場合のほうが多い。

059 ジャーゴン（専門用語）
Jargon

ときには専門用語を持ち出して権威づけしようとする人がいる。

「新しい洗剤は、ヘキサクロロフェン配合!」

とコマーシャルは言う。でもヘキサクロロフェンってなんなの？　それが入ってると、なぜこの洗剤が、他よりいい洗剤だということになるの？

派手な「ヘキサクロロフェン」という単語は、人を感心させようとして使われている。その派手な用語に感心したら、その肯定的な反応を製品自体にも転移させてそれを買うかもしれない。

政治家がこんな発言をする。

「われわれはもはや、資源の過剰価格高騰利用と限界飽和に至った利用から離れ、緊密なる反価格高騰手法の導入によって費用のオーバーヘッドを抑制し、検討内部分および検討外部分をも含め、損失ゼロ近傍の運営予算を実現した」

何やらすごそうに思う人もいるかもしれないが、この発言は、何ひとつ言っていないに等しい。気取った専門用語は、眉にツバをつけて聞くこと。それはしばしば、中身や思想の空虚さをごまかすのに使われていることが多い。

060 伝統や前例に訴える

Appeal to tradition or precedent

伝統や前例に訴えかけることもある。

「これまでずっとこれでやってきたんだから、いまさら変えなくても……」

「こんなのやったことないし、いまになって手を出すのも……」

こういう発言は、それ自体としてはまったく重視しなくていいし、権威を感じる必要もない。行動を決めるのに、伝統だの前例だのに頼るよりましな理由はいくらでもあるはずだ。

状況は刻々と変わる。5年前によかったやり方も、いまはよいとは限らない。伝統と前例は尊重すべきだが、絶対視してはいけない。

061 語源学の悪用
Abuse of etymology

意見の正当化に語源もよく持ち出される。たとえば無神論者が、自分の主張をなんとか裏づけようとしたらどうだろう。

「いいですか、あなたたちは宗教が愛に基づいているとおっしゃいますがね、私はそうは思わない。宗教の基本は、愛なんかじゃない。宗教は支配と恐怖に基づいているんだ。宗教で使われることばをごらんなさい。崇拝（reverence）ということばは、ラテン語のvereorからきており、これは『恐怖』という意味です。
人と神との関係は、恐怖であって愛ではないんだ。そして宗教（religion）ということばそのものが、ラテン語のreligoからきていて、これは『縛る』『足かせをつける』という意味ですよ。だから宗教は人を縛りつける。支配しようとする。足かせをつけて隷属させるんだ。愛なんてどこにも出てきやしない」

ここでの虚偽は、ことばの意味は変わるというのを無視していることだ。語源は別に、ことばの現在の用法に関する証拠にはならない。ことばを重視しなければならないのは、現在の意味によってであって過去の意味によってではない。

数字の悪用

Appeal to numbers

数字を使えば、人はすばらしく厳密に話ができる。だが皮肉なことに、まさにその数字が、話をゆがめたり、人をだましたりするのにも使える。数字や統計は、それだけではまるっきり何の意味もない。数字や統計が意味を持ち、意義を持つためには、きちんとした文脈がいる。

統計を使うなら、誰がどんなやり方で集めた統計なのか、調査の対象となったのは何人なのか、どうやってその人を選んだのか、具体的に何を尋ねたのか、「第3章：感情的表現③：ほのめかしをうまく使う」で述べた手口を使ったりしなかったか、というのを見極めるべきだ。

まずはたくさんの数値を並べ、操作する方法をいくつか見てみよう。

たとえばある小さな企業にはパートの従業員が11人いて、その年間の給料が以下の通りだったとする。

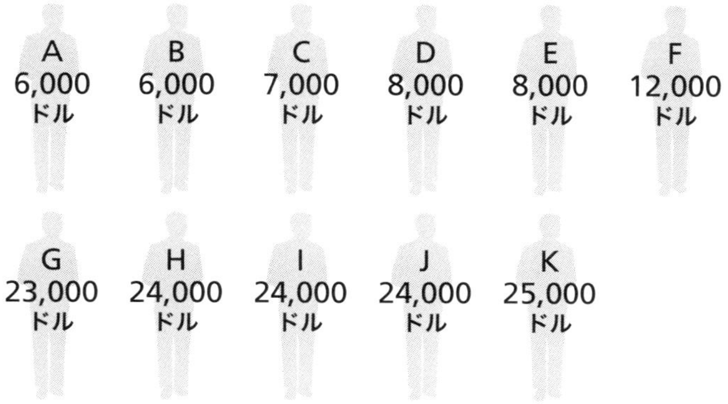

062 不適切な平均
Misleading averages

この会社は、この給料を全部足して、11で割って、15,181.8ドルという数字を出せる。**「わが社のパート従業員の平均給与は15,181.8ドルだから、この水準に合わせて福利厚生制度を構築しよう」**と決定するかもしれない。この平均は**算術平均**と呼ばれる。

この数字はこの文脈では実情を示しておらず、無価値であることに注目。ちょうど15,000ドル稼いでいる人はいない。ほとんどの人はそれよりずっと多くか少なく稼いでいるし、たぶん労働時間もちがうだろう。

算術平均は、別の2種類の平均、**モード（最頻値）**と**メジアン（中央値）**と併用すべきだ。モードは一連の数字の中で、いちばんたくさん登場するものだ。先の例だと、実は2種類のモードがある。ほとんどの人は、7,000ドル前後か、24,000ドル前後を稼いでいる。モードは算術平均より、ずっと価値も意義も高い数値であることが多い。

メジアンは、数字を横一列に大きい順に並べたとき、ちょうど真ん中にある数字だ。上の場合だと、メジアンは12,000ドルだ。特になんの役に立つわけでもないが、平均という数字の文脈を見極めるには有用だ。

数字の文脈を見極めるのに役立つ手法が他に2種類ある。**範囲**と**度数分布**だ。上の例だと、範囲は6,000ドルから25,000ドルまでの19,000ドルということになる。度数分布は、2人が6,000ドル、1人が7,000ドル、2人が8,000ドル、1人が12,000ドル、1人が23,000ドル、3人が24,000ドル、1人が25,000ドル稼いでいるということを教えてくれる。

よくある虚偽が、算術平均をモードだと思いこむというもの。**「平均給与がこんなに高いなんていい会社ですね」**と誰かが言ったら、その場合の平均が、モードのことで算術平均でないというのを確認するまでは「ナンセンス!」と思わなきゃいけない。先ほどの福利厚生の話も、会社が最も多くの人にメリットをもたらす福利厚生制度をつくろうとしているなら、むしろモードを使わなくてはならない。

「平均」ということばが出てきたら、算術平均とモードを区別すべきだ。そしてメジアンや度数分布、範囲までわかればもっとよろしい。

063 パーセントの悪用
Misleading percentages

比率も誤解のもとだ。

「コード市長の時代に、汚職は半減しました」

とコード市長の支持者が主張する。その主張は事実かもしれない。でもそれは、逮捕された汚職犯罪者が、4人から2人に減ったというだけかもしれない――もしそうなら、大して減ったことにはならない。

パーセントで言うと、実数よりもすごく感じる。

もっとすごく聞こえるように言い換えようか。

「前市長時代、汚職件数は現市長よりも200パーセント高かったんです」

200パーセントとはすごそうだ。でも実は、どちらの市長の時でも汚職件数は大差ないのだ。

064 サンプリングでだます
Misleading sampling techniques

また悪質な**サンプリング(標本抽出)**も使える。

「60パーセントの人々は、マコーミックを支持しています」

という発言は、事実かもしれないけれど、アンケートをとったのが共和党支持の強い一地域だけで、みんな共和党候補者のマコーミックを支持していただけかもしれない。

この例は、サンプルが限定されると、何が起こるかをよく示している。アンケートに答えた人々は、全有権者をきちんと代表していなかったわけだ。

限定されたサンプルと似ているのが、「少なすぎるサンプル」だ。

「60パーセントの人々はミラーを支持しています」

という発言は、これまた事実かもしれないけれど、でも回答者が30人しかいなかったらどうだろう。30人のうち、18人がミラー支持を表明したかもしれない。

でも、たった30人では、意味のある統計にはならない。全有権者を30人できちんと表しているとは言えないからだ。

065 あいまいな統計
Vague statistics

さらに、あいまいな統計というのもある。

「最近の調査によれば、頭痛には、他のどんなブランドよりもZ薬を処方する医師が多いのです」

この「最近の調査」というのは、かなりいろいろなことを隠している可能性があるので、もっと詳しいことがわからない限り権威のしるしと思っちゃいけない。

さらに誤解を招く統計というのもある。

「最近の調査によれば、他のブランドに比べてZを好む人がいちばん多いのです」

というのは、事実ではあるかもしれない。でも、実際のデータはこんなのかもしれない。

「ブランドＡ支持者が85人」

「ブランドＢ支持者が80人」

「ブランドＣ支持者が89人」

「ブランドＺ支持者が91人」

アンケートの回答者は345人だった。このうち、Ｚがいいと答えたのは91人、30パーセント以下だ。Ｚは他のブランドに比べて、市場シェアがさほど高いわけじゃない。他のブランドよりＺが好きな人は、確かに多くはあるのだけれど。

最後に、**大きな数に頼る**という手口がある。これはバンドワゴン（付和雷同、“みなさんやってますよ!”）**「みんなＸをしてるから、あなたもＸを」**という理屈だ。

「アメリカ人400万人がまちがえるわけはない」

大きな数を持ち出して感心させようというわけだ。

別に大きな数くらいで、恐れ入る必要はない。Ｘをしたら Ｚを買ったりしている人が4000万人いたって、こっちがＸやＺを買わなきゃいけないという理由にはならない。もっといい議論が出てこない限り、何かをしている人が多いというのは無関係な話だ。

自信たっぷりの憶測
Confident speculation

関係ない議論としてここに入れてもいいカテゴリーは、みんな他にもたくさん知っているはずだ。ここでは、もうひとつだけ見ておこう——権威への訴えかけの遠い親戚だ。**憶測にすぎない話を、まるで事実であるかのように話す**とき、それは自信たっぷりの憶測だ。

066 個人的な保証
Personal assurance

たとえば個人的な保証がある。

「そりゃ絶対そうだよ」
「まちがいなくそうなるはずだ」
「どう考えたってそうなるとしか思えない」
「他にありえないよ」

この種の決めつけは、安心はさせてくれるけれど、なんの保証にもならない……それを言っているのが神様でもない限り。

067 個人的な経験
Personal experience

この一派の仲間が、個人的経験への訴えだ。

「私が経験から学んだことだが……」
「経験でわかったことだが……」
「そういうことをやった人を知ってるけど……」

この手の決めつけは、事実であるかのような断言をするけれど、でもそれを支持すべき理由は不十分だ。経験はガイドラインにはなるけれど、それだけじゃ、ある見解を受け入れる基準とはならない。

068 ドミノ理論
Domino theory

ときには「風が吹けば桶屋が儲かる」式の理論が、証拠として持ち出される。

「ＡをしたらＢが起きるはずだ。Ｂが起きたらＣが起きる。そしてＣが起きたらＤが起きるだろう」

確かに、それなりの精度で、未来を予測できることはある。ダムを爆破すれば、下流の谷は水浸しになる。

でも、**「はずだ／だろう」**というせりふが出てくるとき、実は**「かもしれない」**という意味のことがあまりに多い。

「この契約を承認しないと、従業員はストを起こすだろう」

うん、起こすかもしれないし、起こさないかもしれない。この発言は証拠としては信用できない。発言者は憶測を事実と混同している。

もちろん、確率の高い推測ではあるかもしれない。それでも推測でしかない。事実とは断言できない。

069 神頼み
Omniscience

最後に、神頼みがある。これは実際には起きなかったことが起きたらどうなっていたかを憶測するときに起こる。

> **「ケネディが暗殺されていなければ、ベトナム戦争をずっと早く終結させていただろう。戦争がもっと早く終われば、政府への反感はこんなに高まらなかったはずだ。政府への反感がこんなに高まらなければ、60年代の学生反乱もなかっただろう。そして学生反乱がなければ、いまのこの国に蔓延する権威への広範な軽蔑もなかったろう」**

070 憶測と事実の混同
Confusion of speculation with fact

前の例は途方もない単純化もしているが、憶測と事実を混同しているのも問題だ。憶測は結構だけれど、何が起きたかはっきり言えるほどの全能性は誰も持ち合わせていない。この手の議論は、自分の失敗を正当化するのに使われることがあまりに多い。

「昨日夜更かししなければ、もっと頭がはっきりしていただろう。頭がはっきりしていれば、もっといい印象を与えられたはず。印象がよければ就職も決まっていたはずだ」

もう一度言う。憶測を事実であるかのように語ってはいけない。

まとめ

本章では、無関係なアピールをあれこれ紹介してきた。無関係な話が含まれない討論など、まずありえない。無駄話ばかりのときもある。大事なのは、無関係なアピールに気づき、それに説得されないようにすることだ。

無関係なアピールが多い理由はさまざまだ。ひとつには、説得する側の問題がある。客観的になれず、自分の考えや立場、スタンスを補強しそうなことなら、なんでも動員してしまうのだ。

さらに、そうした考えや姿勢は、はっきりと系統立てられていないことが多いので、たいていは、そもそもきちんとした根拠がないのだ。

「おれは話したいことを話す。事実なんて持ち出して話をややこしくするな」とでも言わんばかりの態度の人が、世の中にはたくさんおり、そんな人でも、われわれは相手をせざるをえないのだ。

第6章
話をそらす

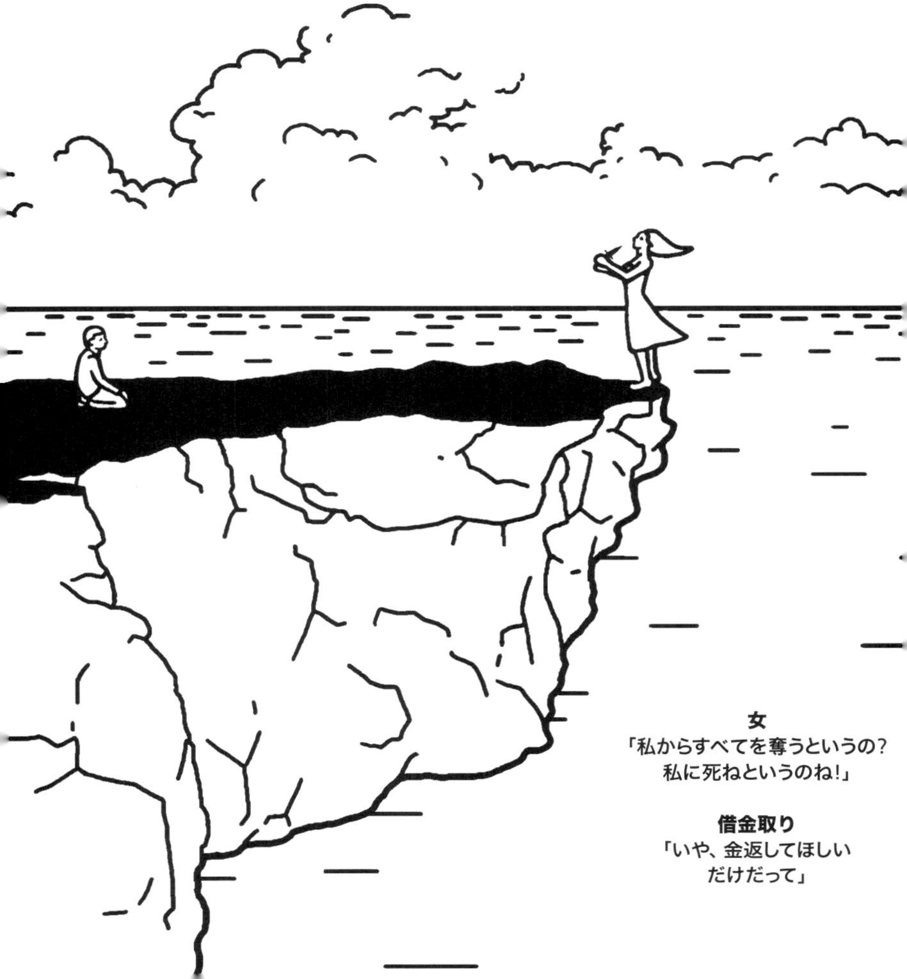

女
「私からすべてを奪うというの？
私に死ねというのね!」

借金取り
「いや、金返してほしい
だけだって」

話の**脱線**は、意図的に起きることもあるし、そうでないこともある。議論がうまくいかないとき、コーナーに追いつめられたとき、劣勢で、もう少しで負けだと感じたとき、話の流れが気に入らないとき、脱線は便利なツールだ。

一方で、脱線の刃《やいば》は、気をつけないと自分に向かってくる場合もある。人の話をそらすのは簡単だけど、他人がこちらの話をそらすのも、同じくらい簡単だからだ。

脱線は、討論に感情論が入りこむとき、関係ない話を持ちこむのを許したときに起こる。脱線の要因のほとんどは、無関係な話でもあるからだ。だから、これまでの章で述べたテクニックは、脱線にも使われることが多い。

たとえば、誰かが**カウンター・クエスチョン**（質問返し）を仕掛けてきたとする。あなたがエサに食いつき、カウンター・クエスチョンに答えたら、話は主題からそれ、脱線して、最初の質問ははぐらかされたことになる。

無関係なディテールが議論に入り込んだとする。そのディテールをあげつらい始めたら、討論は脱線するかもしれない。ただ残念ながら、ディテールをあげつらわないと、聴衆はそのディテールは正しいのだと思いこむかもしれない。**対人論証**が使われたら、討論のテーマは話し手が実際に言ったことから、話し手の人格へとずれてしまう。

言うまでもなく、筋の通った議論や討論は、脱線やはぐらかしを避ける。本章のねらいは、どうすればそれができるかを示すことにはなく、どこに注意すべきかをはっきりさせることにある。ここに挙げる手口を理解すれば、だまされずにすむ。

脱線のやり方は、主に２つある。**レッドヘリング**（薫製ニシン）と、**ストローマン**（わら人形）だ。

レッドヘリング（薫製ニシン）
The red herring

においで獲物を追う犬の注意をそらすには、ニシン（herring）を道筋に引きずっておくといい。犬はこの新しいにおいに気を取られて、もとの標的を忘れてニシンを追いかけるようになる。この手口から「薫製ニシン（red herring）」という表現が生まれた。

レッドヘリングは、意図的または偶然に討論に仕込まれたディテールや話題で、話の脱線の原因となるものだ。レッドヘリングは常に話の本筋と無関係で、感情を刺激するようにできている。討論の参加者はレッドヘリングを追いかけて、最初の話題を忘れ、二度と戻ってこられなくなることもある。

以下の対論の展開を見てほしい。ベティとフィリップは、スクールバス利用の義務づけについて熱っぽく討論している。

ベティ　「でも、バスを使うと人種対立が減って教育の質が高まるって言ったわよね。全然わかんないんだけど。子どもがバス

に詰めこまれて家から何キロも離れたところに送られたら、みんな不便を嫌がるだけで、人種対立は高まるでしょ」

フィリップ　「うん、しばらくはそうなるかもしれない。でもやがて子どもたちは仲良くなって、そうなれば、人種の壁は低くなるだろう」

ベティ　「そんなバカな！　なんでそんなことが言えるのよ！　未来がわかるとでも言うの？　そんなの理想論よ。いまの世界の問題は、ほとんどがあんたみたいな理想家のせいで起きてるのよ」

フィリップ　「なんだと？　何の話だよ！　いまの世の中のよい部分こそ、ほとんどが理想家のおかげだろう！　理想家がいなければ、この国だってなかった。理想論――よりよい暮らしへの希望、個人の自由への希望――があればこそ、植民者たちは一斉にイギリスを離れ、アメリカでいちからやり直そうとしたんじゃないか。そうは思わないの？」

ベティ　「思わないわよ！　植民者たちはどうみても、個人の自由なんか信じてなかったじゃないの。『安息令』（訳注：日曜日の商業禁止法）はどうよ。『セーレムの魔女裁判』（訳注：1692年、マサチューセッツ州の都市セーレムで起きた）はどうよ。あれのどこが個人の自由？　植民者たちは個人の自由なんかまったく気にかけてなかったようですけどね。むしろ正反対よ」

フィリップ　「ちがうね。『アメリカ連合規約』(訳注:アメリカ最初の憲法。独立後まもない1781年に13邦連合の規約として成立し、1788年合衆国憲法が発効されるまで続く)をごらんよ。『ボストン茶会事件』(訳注:1773年イギリス本国政府の茶条例に反対するボストン市民が、停泊中の東インド会社の船を襲い茶を海に捨てた事件。アメリカ独立戦争のきっかけとなった)をごらんよ。あるいは……」

さて、スクールバス利用の義務化はどこへいった?　ベティとフィリップは、もとの話からはるか遠くに離れてしまっている。**理想論**というレッドへリングにひっかかって、さらには**アメリカ入植当時の自由の性格**という別のレッドへリングにも食いついてしまった。

最初の話題、スクールバス利用義務化に話が戻る可能性は、もはや非常に薄い。

071 ユーモア、皮肉、嘲笑、あてこすり、パロディ、仕草

Use of humor, sarcasm, parody, innuendo, ridicule, bodily gesture

ユーモア、皮肉、嘲笑、あてこすり、パロディ、仕草の利用も、脱線につながることがある。こうした手口は、それを使われた相手に感情的な反応を引き起こすことで、議論の方向を変えてしまう。

その人物は侮辱されたと感じ、議論を続けるよりも、自分のメンツを回復するほうに話を向けるかもしれない。

072 気の利いたせりふ
Witty remark

次の手口は、気の利いたせりふだ。気の利いたせりふは、ウケは取れる。そしてウケが取れると、議論の風向きが変わるかもしれない。

カーター大統領の主任補佐官たちが、ワシントンのバーで誰かにツバをはきかけたという事件があった。ある国会議員は、大統領についての演説で、カーターの任期は**「大いなる期待《グレートエクスペクテーション》から大いなるツバ吐き大会《グレートエクスペクトレーション》」**になった、と述べた。こういう安手の攻撃にいいことは何もない。むしろ問題をゆがめて、冷静な議論をやりにくくしてしまう。

073 たとえ話を文字通りに受け取る
Literal interpretation of figurative remark

似たような手口は、もののたとえを文字通りに受け取るときにも生じる。

ハント氏は町のある部分がひどい状況だと訴えている。

「実際、あの地区の窮状で暮らすより、ジャングルの奥で暮らすほうがましなくらいです」

と言って彼は、ジャングルが多くの危険や脅威に満ちてはいても、町のその地区より安全だということを実際に示す。

これに対し、反論者のランド氏は、議論の端々にこんなせりふをはさみこむ。

「もちろんハント氏の議論をあまり真面目に受け取ることはできませんな。なんといっても、ジャングルに住みたがるようなお方ですから――おそらくわれわれが直面すべき本当の問題に向き合うよりも、ヘビだの蚊だのを相手にしているほうがよろしいんでしょう」

ランド氏の手口は汚い。単なる言葉尻をとらえて、それを文字通りに解釈することで、ハント氏の説得力を削《そ》ごうとしている。聞き手がハント氏を笑ったら、彼は真面目に受け取られなくなり、その言い分も聞く耳を持たれなくなる。

074 ハッタリ
Intimidation

ランド氏はさらに攻撃を強めることもできる。相手の名前「ハント(狩る)」をやり玉にあげてはどうだろう。脇道にそれて、**ハント氏は**

ジャングルでハンティングでもしてろ、なんて言えばいい。これがバカウケするかもしれない。

ハント氏は真っ赤になる。そして自分の発言の順番がまわってきたら、頭に血がのぼってまともに議論できなくなるかもしれない。これまた別のはぐらかしの手口だ。相手の頭に血をのぼらせて、まともにものを考えられなくするわけだ。

そうなったら、ハント氏はもう、相手の手のひらで踊らされているに等しい。ハント氏が明晰な思考力を失ったら、バカなことを口走ったり、間抜けな振る舞いをしたりして、さらに自分の立場をだめにしてしまう。

相手を防戦モードに追いやるには、自信たっぷりに話したり、相手が言及をためらうような馴染みのない事実を持ち出したり、むずかしい**専門用語（ジャーゴン）**を使ったり、相手が無知を認めにくいようにしたり、以下のような威圧的なことばを使ったりする。

「当然ご存じと思いますが……」
「議論の余地なく……」
「言うまでもなく……」

などなど。

相手が気の弱い人物なら、こうして高圧的に出るとすくんでしまうかもしれない。でも頭のいい相手なら、こっちのハッタリを見破るだろう。

075 重箱の隅をつつく・揚げ足取り
Petty objection / nit-picking

重箱の隅をつつくことで脱線できる。あなたはちょっとしたまちがいをする。すると相手は、それがごく細かいことで、しかも論点にはまるっきり影響しないにもかかわらず、そこをしつこく責め立ててくる。さてそうなると、こっちは頭にきて、あるいはうんざりして、やがて自分の言い分に自信を失うかもしれない。

聞き手の信用も弱まるかもしれない。その点でまちがっているなら、他のところもまちがっているんじゃないか、と聞き手は思い始める。こうした重箱の隅つつきは、揚げ足取りとも言われる。

たとえば、政府が日本車の輸入を禁止すべきか、という議論を友人としている。あなたは禁輸賛成なので、過去の禁輸措置は効果があったと論じ、リンカーンによる1860年の禁輸（南北戦争中の南部連合への海上封鎖）を例として挙げ、そこで何が起きたかを示す。友人はその点に飛びついて、リンカーンの禁輸は1861年の4月のことであり、1860年じゃない、とあげつらい、日付が不正確だと大騒ぎする。

さて、確かに日付がまちがっていたのは事実だ。でも、そのまちがいはあなたの議論の妥当性にはなんら影響しない。

この例を続けよう。たとえば友人が、日付にはこだわらなくても、リンカーンによる禁輸の有効性について反論したとしよう。それがあなたの思っているほど有効ではなかったと言って。その通りだったとしよう。禁輸は有効ではなかったとしよう。

でも、いずれにしても、あなたたちはどちらもレッドヘリングにひっかかったままだ。いま提案されている禁輸の善し悪しを見極めるという目的には、一歩も近づいていない。そして友人が1861年禁輸の評価を弱めることでポイントを稼いだとしても、どっちも目下の論点である、日本車禁輸についてポイントが稼げたと思うべきではない（訳注：過去の禁輸がうまく機能しなかったと示すのは、現在の禁輸の善し悪しを見極めるのに十分役に立つ議論だし、それをレッドヘリングだという著者の後半の議論はいささか極端と言わざるをえない）。

076 わからないふりをする
Feigning ignorance

ときには、無知を装うことで脱線できる。話し手は、相手が何を言っているかわからないと言って、バカのふりをする。このテクニックで、相手が間抜けに見えることもある。同じ論点を説明し直そうとしてしくじるかもしれない。すると聞き手は、相手やその議論について不信感を持つかもしれない。

一方で、相手が鋭ければ、整然と説明し直すことで話し手をやりこめ、質問者がバカに見えるかもしれない。

ストローマン（わら人形）
The straw man

相手の言ったことをとらえて、それを誇張したりゆがめたりして、その誇張したりゆがめたりしたものを攻撃するとき、それはわら人形を作って攻めていることになる。相手の発言をまちがった形で示し、相手の発言ではなく、そのまちがった説明を攻撃する。

077 相手の発言を拡大解釈する
Extension of ideas

わら人形は相手の考えを勝手に引き伸ばすことで作れる。

「あなたはＡと主張している。そのまま行けば、次はＢ、さらにはＣやＤも主張し始めるだろう」

そしてＤがいかにばかげていて非現実的かを示す。もちろん、相手はＤなんてまるで主張していないけれど、聴衆はそれを忘れているかもしれない。

078 相手が言ってないことを言ったことにする
Putting words in opponent's mouth

ときには、相手の議論を引き伸ばすかわりに、**向こうの言ってもいないこと**を主張することもある。向こうが実際には言っていないことを「言った」と主張したり、そうにおわせたりする。あるいは、言っていなくても「言っているに等しい」と主張したりするわけだ。

相手が、**「警察は、犯罪者をかくまっていることが明らかな場所には踏みこむ権利を持つべきだ」**と主張しているとしよう。あなたはそれに対し、警察が無差別に民家に押し入るといった図式を作り上げる。そして叫ぶ。

「こんな基本的人権の侵害を主張するとは信じられません！ 犯罪者がいるような気がするというだけで、警察が民家に押し入れる状況を希望するなんて！ この人は警察国家を求めているらしい——というのも、この人物の主張はまさに警察国家だからです」

そしてあなたは、警察国家の恐ろしさをあれこれ描写する。言うまでもなく、相手は別に警察国家を求めたりはしていない。相手の言ってもいないことや、意図してもいないことをなすりつけることで、あなたはわら人形を作り出している。

079 単なる例にかみつく
Attacking the example

「わら人形」には、単なる例を攻撃する手もある。論点を説明するために、相手が例を挙げたり、単純化した説明をしてみたり、たとえを使ったりする。あなたはその説明や例を叩く。そして、たとえがダメである以上、議論もダメだ、と述べる。

相手がそれで引き下がるようなら、その程度の議論でしかなかったのかもしれない。話し手は、1つの例がまずくても自分の議論自体がまずいことにはならない、と認識すべきだ。悪いのは例であって、主張ではないかもしれない。

この手口は、本章ですでに述べた**「揚げ足取り」**と似ているし、これまた既出の、**もののたとえを文字通りに受け取る**手口のバリエーションとも言えるかもしれない。

080 代案にかみつく
Attacking the alternative

また自分の案以外の代案を攻撃することで、わら人形を作り出すこともできる。たとえば、Xという主張が採りあげられている。ところが話し手は、Xをうまく擁護できない。論証が思いつかないとか、あるいはそもそもXが立場として弱いとか。

いずれにしてもその人は、具体的な問題について自説を述べるかわりに、X以外にどんな代案があるかを論じ、それらを攻撃する。

議論になっているのは、ある学校で体育を必修にすべきかどうか、ということだとしよう。話し手は体育の必修化に賛成だが、それを支える理由が思いつかない。だから代案を考える。

「体育が必修でなくなったらどうなるでしょう？子どもたちはヒマすぎて必ず問題を起こすでしょう。それに運動チームの選手だって不足するかもしれない」

こんなのは体育の必修化の理由としてはまともじゃない。

081 問題のすり替え
Shifting to another problem

「代案にかみつく」のバリエーションとして、こんな例がある。

ハリエットがサムに向かってこう言う。
「ライフルはもっと慎重に扱ってよ。死ぬかもしれないでしょ」
するとサムが返事をする。
「それを言うなら、道を横断したってやっぱり死ぬかもしれないだろ」

サムの言い分は正しいかもしれないが、ここでは関係ない。問題をすり替えたところでなんの証明にもならない。

「わら人形」はとどのつまり、問題をゆがめて見せ、歪曲するテクニックなのだ。

『テレビガイド』編集部への以下の手紙は、わら人形テクニックの教科書的な見本だらけとなっている。この手紙は、ニールセン社（訳注：米国の有力な市場調査会社）のテレビ視聴率調査の方法について説明した記事に対するものだ。

ニールセン社の統計家たちは、視聴率調査を行う1170世帯を選ぶのに、国勢調査局の大分類をもとにランダムに選び、それが全国にまんべんなく分布するようにする。調査対象世帯は、毎週すべて勘定されるわけではない。同記事によれば、「だから昨冬の普通の調査日には、ニールセン社はおよそ993世帯の視聴データを報告した」ことになる。

これに対して、ある読者はこんな手紙をよこした。

> 「これで私たちは、大衆をなだめつつ、民主的なしくみをまるごとすっとばすしくみを知りました。2億もの個人の視聴的な嗜好などいちいち心配しなくても、そういう嗜好はごく少数の人々に握られているというのを知るのは、なんとすばらしいことでしょうか。
>
> いやなんとも簡単な解決策が出てきたもんです。だったら次期大統領も、1170世帯の願望（辛ければ993世帯）を調べて選んだらどうでしょう。
>
> そうすれば、その世帯が、残りのわれわれをわずらわせることなしに、重要な問題を解決してくれることでしょう。時間もエネルギーも、そして言うまでもなくコストも大節約です。それどころか、その他のすさまじい無限の可能性にめまいがしそうなほど。この方式は本当に万人の気持ちを公正に反映

していのでしょうか?」

ニールセンの視聴率調査システムの有効性について、人それぞれ言いたいこともあるかもしれないが、でもこの手紙は、わら人形のテクニックを見事に示している。

もちろんこの手紙には、それなりの主張があったようだけれど、でもその論点は表現技法のおかげで埋もれてしまっている。話をねじまげ、議論をばかげたところまで単純化して、極端に歪曲してみせるような手紙を、誰が真面目に受け取るだろうか。

まとめ

討論がしばらく続くと、話し手も聞き手も疲れてくる。少なくとも一時的には、そもそもの論点が何だったか忘れて、討論に脱線が入りこむのを許してしまい、しかもその脱線に気づかなかったりする。自分が最初の話題からはずれていて、薫製ニシンにつられてしまったり、わら人形を攻撃したりしているのもわからなかったりする。関係あるように見えるものと、実際に関係あるものとの区別がつかなくなるのだ。

第7章

あいまいさと不正確な推測

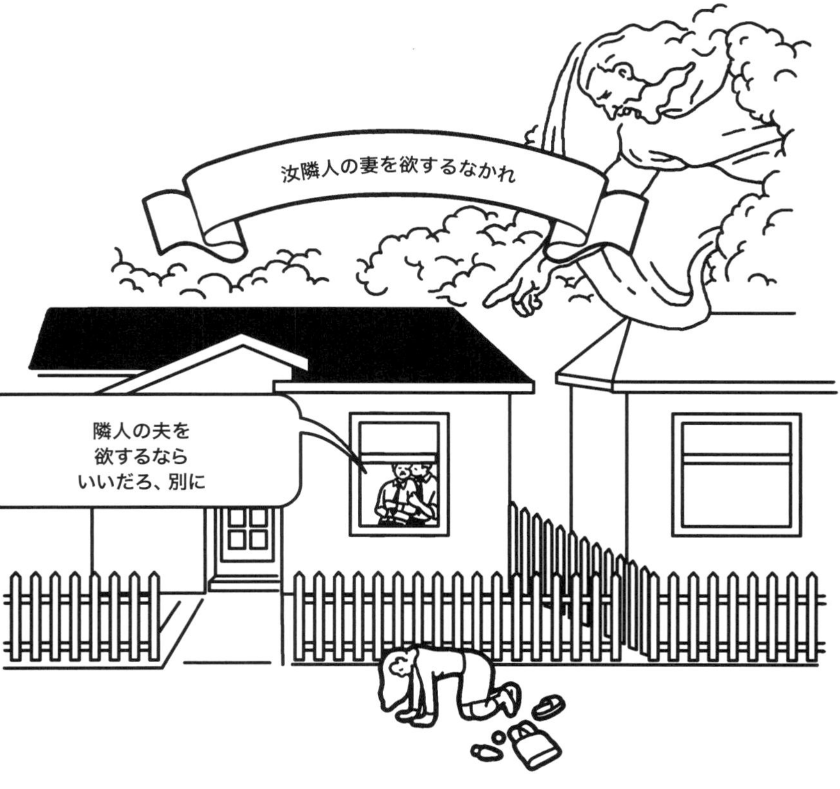

この章と次章はちょっと重なっている。というのも、この章はあいまいさについてであり、次章は混乱についてのものだけれど、どっちも推測の問題と危険性を扱っているからだ。

あることばや話、行動や談話をどう解釈するかという選択に直面することがある。ときには、自分が選択しているということすら意識していないこともある。それでも、その判断は即座に、十分な分析なしに、はっきりと代案を考えることもなく、完全な情報もなしに行われることが多い。この時点で、判断上のミスをした可能性もあり、そのミスは、何をするにしろ、正しい行動の障害となってしまう。

082 ことばのあいまいさを悪用する
Verbal ambiguity

ことばのあいまいさは、複数の意味や解釈がある単語やフレーズを使うときに起こる。あるいは、いくつもの解釈ができる出来事が起きたときに生じる。人は複数の解釈が可能だと気がつかないかもしれないし、選択肢のどれかをいい加減に選ばなくてはならないかもしれない。でも、ひとつを選べば他は捨てられることになるし、問題はそこから生じる。

あいまいさそのものは、普通は問題ではない。問題はそのあいまいさに気がつかなかったり、選択をまちがえたりすることだ。あいまいさは推測を必要とするし、推測はまちがっていたり、不完全だったりする。推測はしばしば誤解の結果だったりもする。

ある発言が複数の意味合いを持つとき、発言に表に出ない意味がこめられているとき、明言されていない考えや考え方がこめられているときには、あいまいさが出てくる。だから「第3章：感情的表現③：ほのめかしをうまく使う」で出てきた話のいくつかは、あいまいさにも適用される。

たとえば、**たとえ話**はどうだろう。私が不用意な話をしたら、つまりうっかりたとえ(隠喩)を使い、あなたがその話を思ったより厳密に解釈したら、あいまいさが生じる。

テッド・スティールをどう思う、と聞かれて、

「あいつはごくつぶしだよ」

と私が答えたとしよう。「ごくつぶし」ということばは勢いだけのことばのアヤで、単にスティールなんか嫌いだ、というだけの意味かもしれない。でも聞き手はそれを文字通りに解釈して、スティールというのは仕事もしない怠け者なのか、と思うかもしれない。

たとえは、本質的に実際の内容以上のことをほのめかすものなので、推測を招くし、その推測はあいまいさにつながりかねない。

たとえばこんな発言。

「マリオンはゴキブリを見て飛び上がった」

さてこれをどう解釈しよう。マリオンは文字通りジャンプしたんだろうか？ それとも単にびっくりしたというだけの意味だろうか？

あいまいさはことばのアヤが無視されたときにも起こる。十戒には、

「汝の隣人の妻を欲するなかれ」

とある。ここでは少なくとも3つ、ことばのアヤがある。

「欲する」というのは性的欲望を抱く、熱心に求めるということだが、この文脈では実際には「性交渉を持つ」という意味だ。この戒律を文字通りに受け取れば、**「強い欲望や性欲さえなければ既婚者と性行為をしてもかまわない」**ことになるが、これは明らかに歪曲だ。

隣人というのは文字通りには「隣近所に住んでいる人々」という意味だが、この文脈では実際には「他のすべての人々」ということだ。これを文字通りに解釈すれば、**「遠くに住んでいる人の奥さんとの性交渉は認められる」**。これまた明らかな歪曲だ。

「妻」とは「既婚女性」が文字通りの意味だが、ここでは実際は「既婚者すべて」のことだ。文字通りに解釈すれば、**「女性が既婚男性と性交渉を持つのは許される。だって戒律は夫のことには触れていないから」**。――これも歪曲だ。

たとえば、ウィリーは家の車を持ち出して、車庫入れしているときに駐車メーターに当ててバンパーをへこませてしまう。父親に、

「あのバンパーのへこみはおまえのしわざか」

と聞かれて、ウィリーは、「ちがうよ!」と答える。**バンパーをへこませたのはぼくじゃない、実際にへこませたのはあの駐車メータ**

ーだ、と自分に言い聞かせながら。父親のことばを文字通りにとることで、ウィリーは無罪を主張できる——でもわれわれも、そして当のウィリーも、意味合いが意図的にゆがめられていることは承知している。

父親の質問は実際には、**「あのバンパーのへこみはおまえの行動のために生じたのか」「なぜバンパーがへこんだか知ってるか」**という意味だ。

人は自分の言いたいことをその通り正確に言うとは限らないし、そういう厳密でない発言や、ことばのアヤとして言われたことを文字通りに解釈するのは不適切だ。

発言のあいまいさは、用語が厳密でないために生じることもある。漠然とした、抽象的で相対的な用語などだ。

「ローリーはいい子だ」——いい子ってどういう意味?

「日本は豊かだ」——豊かってどういう意味?

「ガーディナー裁判官は有能だ」——どの面で有能なの? 法廷を静かにさせる面で? 証人を落ち着かせる面で? 法解釈の面で?

「ケヴィンは背が低い」——何に比べて低いの? どのくらい低いの?

厳密でない用語は、すぐに混乱につながる。

083 厳密でない物言い
Ambiguity of statement

同じように、あいまいさは厳密でない物言いからも生じる。

「ケヴィンはジェームズより小さい」

と言うと、2人とも小さめの人物のような印象を聞き手に与える。でも実際にはちがうかもしれない。ケヴィンは身長150センチで、ジェイムズは190センチあるかもしれない。この発言は、まちがってはいないけれど、言い回しが誤解を招く。

発言の正確な意図がわかりにくいときにもあいまいさが生じる。つまり、この発言の背後には、隠された意図があるんじゃないかと思われるときだ。妻が夫にこう言う。

「あのラ・フルールっていう新しいレストラン、すごくいいんですって。マージとビルが昨日行ってきたんだけど、マージはすごくおいしいって言ってたの。サービスも最高だし、お値段も控えめだそうよ」

妻は見かけ上は単に事実を述べているだけだ。でも、彼女が実は夫に「じゃあおれたちも行こう」と言わせたがっている、という可能性はかなり高い。発言そのものにあいまいなところはないが、発言の意図はあいまいかもしれない。

ここまでは2種類のあいまいさを主に見てきた。単語のあいまいさ、発言のあいまいさだ。単語のあいまいさは、単語に複数の意味がありえて、発言者や書き手がずばりどの意味を意図したか明らかにしていない場合に起こる。発言のあいまいさは、その発言が意図したい意味を正確に述べないときに起こる。他にどんなあいまいさがあるかを見てみよう。

084 口調のあいまいさ
Ambiguity of tone

友人が、複雑な問題を、ちょっとした思いつきで簡単に解いてしまったとする。

「あ、ずるい手を使ったな!」

と私は言う。私はほめたつもりで、肯定的な意味合いをこめている。でも、その声の調子は誤解されるかもしれない。友人や第三者は、こちらがそれを承伏していないのだととらえるかもしれない。

085 皮肉っぽい態度
Irony

皮肉っぽくしゃべるとき、その発言は実際とは正反対のことを意味している。

友人が、細心ながらも後ろ暗いところのまったくない交渉を重ねに重ねて、ずっと追いかけていた契約を獲得した。

「この詐欺師め!」

と私が言う。これは皮肉だ。詐欺師というのは、否定的な意味で使われるものだが、ここでは肯定、いやさらには賞賛と尊敬をこめている。でも友人がその皮肉に気がつかなければ、これは誤解されるかもしれない。

発言の調子を見極めるのは、特にそれが紙の上だとむずかしい。口で言われれば、文書よりは発言者の意図を汲みやすい。『タイム』誌の以下の見出しを見てみよう。

「アラスカパイプライン、送油(piping)開始——ついに」

Pipingということばは、シャレのつもりだろうか? それとも別の意味があるのか? そして最後の一語はどうだろう。嫌み、怒り、安心、熱意のどれを意図しているのか? 読者としてはわからない。推測するしかないわけだ。

031 強調(再登場)
Accent

強調。この手口は、第3章にも出てきた。文の中でどの単語を強調すべきか断言できないときにあいまいさが生じる。そしてまちがった単語を強調し、文の意味を変えてしまうと、あいまいさが生じる。以下の文章を何度か読んで、そのたびに強調する場所を変えてみよう。文の意味はそれによって大きく変わる。

「あたしは、あなたが嫌いだと言った覚えはないけど」

強調による虚偽の話をしたついでに、それと関連した歪曲もいくつか挙げておこう。まずは文脈を無視した引用。たとえば『タイム』誌は以下のような記事を載せた。

【またもや　むしられて】

連邦政府はときに、よく言っても怪しげとしか言いようのない学術研究に税金を使う。こうした無駄遣いの受領者の中には、ワシントン大学の社会学者ピエール・ヴァン・デン・ベルゲがいる。国立精神健康研究所(NIMH)からの９万7000ドルの研究費の一部を、彼はジョージ・プリモフ研究員による「性的はけ口および社交場としてのペルー売春宿」なる報告のために支出したのである。

プリモフはアンデスのクスコ市郊外にあるサン・トゥイティス娼館に、20回ほど訪問を重ねた。娼婦たちのインタビューを通じて彼は、売春宿が各種活動以外にも飲酒や物語のための集会場所として機能しているという結論を導き出した。

ウィリアム・プロクスマイア上院議員は、この調査に彼の「大むしり大賞」を授与した。これは「納税者の血税の、最大にしてもっともばかげた皮肉な無駄遣い」に与えられる。『学会の駆け引き』という本の著者であるヴァン・デン・ベルゲは、受賞を喜んでこう述べたという。
『これで学会でまた名が売れる』

これに対し、ヴァン・デン・ベルゲ氏はこんな投書をした。

「『タイム』誌が、プロクスマイア上院議員の安っぽい話題作りと同じ手口をいまだ重用するとは驚きました。問題の９万7000ドルのNIMH研究費のうち、売春宿の調査に使われたのは多くて50ドルです。全プロジェクトの中の、この極めてわずかな部分は、プリモフと私が研究成果をまとめた324ページの報告書のうち、14行にわたるたった１段落を占めるだけです。総プロジェクトのうち、1000分の１ほどでしょう。
この報告書は『ペルーのアンデス地方における不平等：クスコにおける階級と人種』と題されています。実に扇情的ですねえ。この研究が売春の研究だというなら、『タイム』誌はさしずめポルノ雑誌ということになります。『タイム』にだって、ときどき売春の話は登場するんですから。

ピエール・ヴァン・デン・ベルゲ
ワシントン大学（シアトル）」

さて、これがその通りだとすれば、『タイム』は確かに実際に起こったことの文脈をゆがめ、とんでもないわら人形を作り上げたことになる。

086 文脈と離れた引用
Quoting out of context

文脈をはずれた引用は、人々のことばをその当人に対して不利な形で使うときにも用いられる。

ベティ・トンプソンさんは、何時間か残業して、雇い主のラネット氏のために20ページの報告書をタイプ・コピーして仕上げた。それを渡されたラネット氏は大喜びしてこう言った。

「ベティ、きみはすばらしい。最高だよ。さ、もう遅いし、食事でもしよう。帰りはうちまで送っていくよ」

これを盗み聞きしていた人物は、ラネット氏が秘書に惚れていて、食事に誘って家に連れ帰ろうとした、と報告する。

087 切り貼り引用
Quoting selectively

この虚偽の別のバリエーションとしては、一部だけ引用するというテクニックがある。たとえばある映画広告はこう主張する。

「誰もがこの映画を大絶賛しています。『ムービーマガジン』は、この映画を不思議な、信じられない、幻惑的な作品と述べています。評者はこの映画の衝撃を、どう表現していいかわからないそうです」

実際に評者が書いていたのはこうだった。

「この映画は、不思議な、信じられない作品だ――こんなクズがハリウッドから出てきたとは信じがたい。私はこの映画の衝撃をどう表現していいかわからないが、努力はしてみよう――冗長、退屈、幻惑的……寝てしまったほどだ」

088 気のない称賛
Damnation by faint praise

言わないことが、言われたことほどにものを言うこともある。

「サリー・セインティスは正直だと思いますか」と訊かれたとしよう。あなたはちょっとためらい、口ごもったりしてから答える。

「まあ答えないほうがいいでしょう。あまりよく知っているわけじゃありませんし」

あなたはサリー・セインティスを貶《おとし》めるようなことは何も明言はしていないが、それまでのためらいや迷い、積極的な肯定の欠如は、彼女にとって確かに不利となる。

別の例を挙げよう。大学への推薦状を書いている教師が、以下の問いに答えている。「この学生の最も優れた長所だと思われるものについて記述してください」。

教師の回答はこうだ。

「トムは3年にわたり私の生徒でした。その間ずっと、彼はいい子でした。授業をさぼったこともなく、宿題も期限通りに提出しています。教室では明るく、議論にもしばしば参加します。教室のディベートでは反論側に立ち、非常に説得力ある話し方をしました」

さてこの先生は、何ひとつ悪いことは言っていない。生徒をけなすようなことは何も書いていない。むしろいいことしか書いていない。明示的に悪い表現はひとつとして見られない。

でも、これを見て感心する大学はひとつもないだろう。この先生がやったのは、「気のない称賛による糾弾」と呼ばれるものの見本で、これは強調の虚偽の一種だ。教師は確かによい点しか述べていないが、その長所があまりにどうでもよくてつまらないものばかりなので、読む側には弱点としか見えない。

強調の議論をするのに、以下の古典的な例を挙げねば画竜点《がりょうてん》睛《せい》を欠くというものだ。この話は、チャールズ・E・トロウ『セーラムの古き船員たち』という本に登場する。

「L船長の船の一等航海士はアル中で、ときにいわゆる「へべレケ」状態となる習慣があった。船は中国の港に寄港していたが、一等航海士は泥酔して船に戻り、自分が世界の支配者であるような振る舞いに及んだ。船長はほとんど飲まない人物だったので、部下のこうした低劣な振る舞いに大いに気分を害した。特に船員がひとり残らずその醜態を目撃したとあってはなおさらである。

一等航海士の任務のひとつは、毎日日誌をつけることだが、航海士がその任を果たせる状態ではなかったために、船長がその日誌を記入したうえ、**「航海士は終日泥酔」**と追記した。

船は翌日出航し、航海士もしらふに戻った。そして日誌記入の作業に戻ったが、船長による記述を見て顔色を失った。甲板に戻ると、やがて以下の問答が展開された。

「船長、なんで昨日の日誌に、あっしが終日泥酔してたなんて書きなさったんで?」

「だってその通りだったろうが?」

「いやそうだったにしても、そういうことを書かれると、あっしの立場がないじゃないですか」

「だってその通りだったろうが?」

「そりゃそうですが、でも船の持ち主があれを見たらどう思いますか。あっしの評判が下がるでしょうが」

でも航海士は船長から「だってその通りだったろうが?」以外の答えを何も引き出せなかった。

翌日、船長が日誌を検分していると、航海士による観察、航路、風向、潮などの記述の下に、こんなくだりがあった。

「船長は、今日は一日しらふ」

船長は激怒して甲板に上がり、航海士を見つけ出した――

航海士は、これはまずいことになると見て取った——そしてまた別の対話が以下のように展開したのである。

「このゴロツキめが。日誌に私が『今日は一日しらふ』と書いたのは、ありゃ何のまねだ?」

「だってその通りだったでしょうが、船長?」」

089 あいまいな語法
Amphiboly

あいまいな語法とは、文の中でことばがあいまいな位置に置かれている場合を指す。構文から見て、その単語や語群がどこにかかるのかはっきりしない。下の文を見てみよう。

「ラ・ボエームはフランスの家具専門店です」

この店は、フランスにある家具店なのか? それとも、フランスの家具を売っている店なのか? 「フランスの」という語法があいまいになっている。もちろん、紙の上でならこの問題は、読点を入れたりして解決できる。**「フランスの、家具専門店」**といった具合だ。

だがもっとわかりにくい場合もある。

新聞に出た、家具つきアパートの賃貸広告を見てみよう。

「3部屋、川を一望、専用の電話、風呂トイレ、台所、ガス電気つき」

興味を惹かれて部屋を見てみると、風呂トイレや台所がない。そこで大家に文句を言った。すると、共用の洗面所や台所が廊下のつきあたりにある、と言う。

「でも広告には専用の風呂トイレや台所があると書いてあったじゃないですか!」と問いつめると、大家は答える。

「何のことですか? 広告には専用の風呂トイレだの台所だのなんて一言も言ってませんよ。**専用の電話があると書いただけです**」。

広告はあいまいだった。字面だけからだと、「専用」というのが電話だけにかかるのか、その後のことばにもかかるのかは判断できない。

090 文法的なあいまいさ
Grammatical ambiguity

文法的なあいまいさには、いくつかの形がある。

(1) ある修飾節がどの範囲にかかるか不明確

「この提案を支持している労働者もいる。労せずして何かを手に入れようという労働者もいる」

これが紙の上でなら、何も問題はない。ただしもちろん、書き手と読み手が句読法についての慣習を守り、またそれを知っている場合だが。

しかしこれが口頭で言われたら、こんな解釈も可能になる。

「この提案を支持している労働者が、まさに労せずに何かを手に入れようという労働者だ」という解釈だ。

(2) 欠陥のある、あるいは不完全な比較

「あたしはルイーズよりレスリーが好きだ」

この発言は、**「あたしがルイーズを好きな度合いより、あたしがレスリーを好きな度合いのほうが高い」**という意味に解釈できるが、**「あたしがレスリーを好きな度合いは、ルイーズがレスリーを好きな度合いより高い」**というふうにも受け取れる。

一方、「不完全な比較」というのはあまりに解釈がありすぎて、どう受け止めていいかわからない表現のことだ。

「○○スーパーでの買い物はお買い得」

何より得なんだろう、と考えたほうがいい。

(3) あいまいな指示代名詞や参照

警察と消防署はストをすると脅しているし、政治家たちは報復をにおわせている。新聞の主張では、

「彼らの発言はこの対立に油を注ぐだけ」

だという。この「彼ら」は新聞のこと？　政治家や消防署のこと？　それとも政治家だけ？

（4）個々のことばがあいまい

「きみが飲んだくれてるから助ける気はないね」

これは、**「助けてあげるけど、きみが飲んだくれているからじゃなくて、他の理由で助けてやる」**という意味なのか、それとも、**「助けてやらないけど、それはきみが飲んだくれてるから」**ということなのか?

「お値段を引き下げてお買い物も安心」

さてこれは、**「値段を下げた結果、安心して買い物ができます」**ということなのか、それとも、**「安心して買い物ができるように値段を下げました」**ということなのか?　こうした意味論上の問題は、15章でさらに検討する。

037 並列（再登場）
Juxtaposition

すでに3章で、並列により明言せずに何かをほのめかせることを示した。実際にはまったく関係ない発言や出来事が、何やら関係ありげな形で組み合わされる。

「昨日、近所で撃ち合いがあったんだって？ そういやレイモンド・スピナーは家に銃を常備してるって聞いたけど」

さてこれを言った人は、銃撃とレイモンド・スピナーとの間に関係があると言いたいのか？ それとも単に、銃撃戦の話をしたのをきっかけにスピナーが銃を持っていることを思い出しただけか？

もっとわかりやすい例を挙げよう。市役所を舞台としたスキャンダルが新聞で報道されてから２日後、市長はそのスキャンダルを恥じてか、あるいは事件に関与していたため資金集めパーティーを中止する。騒ぎがおさまっていないと考え、**いまパーティーをやるのはまずい**と考えたためだと思いたいのは人情だ。だが事実関係は、まったくこの推測を支持しないかもしれない。市長はこの醜聞とはなんの関係もなく、それがあったことさえ知らないかもしれない。中止したのはまったく別の理由があったのかもしれない。地元経済が不安定で、資金集めには時期が悪いと思ったのかもしれない。新聞で醜聞が報道される前に中止は決まっていたのかもしれない。

091 省略三段論法
Enthymeme

最後に、省略三段論法がある。

「タビーはネコだ。私はタビーが大嫌いだ」

と言うとき、この発言は不完全かもしれない。

ひょっとしたら、タビーだけが嫌いなんじゃなくて、**「私はすべてのネコが嫌いだ」**といった命題が抜けているのかもしれない。その場合、三段論法の中間が抜けていることになる。

人は発言を絶えず省略して、聞き手が必要な推測をしてくれると期待する。普通は問題ない。抜けた前提は自明なことがほとんどだから。

「雲を見てごらん。たぶん雨になるよ」

ここで抜けている命題はたぶん、**「あのような雲はたいがい雨の前兆だ」「さっきの天気予報だと雨の可能性があると言っていたよ。あの雲をごらん。たぶん雨になる」**といったようなものだ。

言うまでもなく、推測は、不正確になる可能性がある。ときにはそれはあまり問題にならない――いま挙げた例のように。

どういう理由で雨が降ると思うかは、ここでは別に重要じゃない。重要なのは、結局のところ雨が降るということだ。

だがときには、省略三段論法による表現は深刻な問題を引き起こす。

たとえば、前に挙げたこんな例を見てみよう。有名人がこう述べる。

「ねえみんな、そうは見えないだろうけれど、いまでもカメラの前では緊張しちゃうんだよ。だから外見を最高に保つことが重要だ。カメラがアップで寄ってくるとき、歯はなるべく白いほうがいい。だからぼくはペポミントを使うんだ。ペポミントは歯を白くします」

こうした発言は、一連の論理的つながりのない命題のようだし、これを言っている有名人はバカみたいに見える。だがバカみたいに見える発言は単に、思考を細部まで詰めていないだけかもしれない。実際にこの有名人が言いたいのは、たぶんこんなことかもしれない。

「ねえみんな、そうは見えないだろうけれど、いまでもカメラの前では緊張しちゃうんだよ。したがって、すこしでも安心を増すことはなんでもやっておきたい。ペポミントは安心感を高めてくれる。歯を白くしてくれるからだ。したがって、カメラがアップで寄ってくるときには、歯のことを心配しなくてすむ」

抜けている命題を補うことで、有名人の発言もずっと筋が通るようになる。

第8章

混乱と不正確な推測

「君は、豚そっくりだ」

『なんですって?』

「いや、僕の国では豚は
高貴な美しい生き物の
象徴なんだ」

『まあ♪』

混乱にはいくつかの原因が考えられる。不注意、不正確な言葉遣い、はやとちり、誤解、両義性、あいまいさ、過剰な単純化、関係あるものとないものを識別できないこと、感情的な発言と、論理的な発言とを混同すること。

092 語句の混同
Verbal confusion

単語の誤解は混乱を招く。ときには、ことばの構造や意味について、不正確な推測を行うことがあるからだ。たとえばinflammable（燃えやすい）という言葉は、火がつかないという意味だと思っている人が多い。inという前置詞は、inactive, inefficientなどの単語で否定の前置詞として使われるからだ。でも、この前置詞に強調の意味もあるということを多くの人は忘れている。たとえば、invaluable, include, instituteなどだ。したがって、flammableとinflammableは同じ意味だ。

混乱は、正確な意味を知らずにことばを使うときにも起きる。たとえば新聞は、ある裁判について報道するのにこう書いた。

「ハート判事は裁判の間ずっと中立（disinterested）であり続けた」

これを読んだ人は怒ってこう叫ぶ。

「関心(interest)が持てないなら裁判官なんかやるべきじゃない!」

そして裁判官が無関心だといって非難を続ける。この読者は、中立(disinterested)と無関心(uninterested)を混同してしまい、大きなまちがいをしてしまったわけだ。

音は似ているけれど意味がちがうことばもたくさんある。

flout(嘲笑する)—— flaunt(ひけらかす)

rational(合理的)—— rationalize(合理化する)

credible(信用できる)—— creditable(立派な)

delusion(妄想)—— allusion(隠喩)

prescribe(処方する)—— proscribe(禁止する)など。

多くの人は、これらのことばの意味がまったくちがうということを認識していない。そしてこれらを混同して使う。これらをまちがえて使うと、言いたいことと実際に言ったことはまったくちがってくる。

ときには言葉の漠然とした意味は知っていても、細かいニュアンスはわかっていないことがある。ある記事に、ピアニストが突然**悪名高くなって**(notorious)レコード契約が何本かきた、と書いてあった。もちろん悪名高いというのは有名(famous)という意味だが、意味がまったくちがう。悪名高いというのは悪い意味だ。

別の言語的な混乱は、ことばが二次的な意味を持ってきて、最初の意味が忘れられる——たとえばrestiveということばの意味など。多くの人はこれをrestful(落ち着いた)という意味だと思っている。これは単にまちがい。

人によっては、「落ち着かない(restless)」という意味だと自慢げに言うだろう。確かにその通りだが、でも完全にではない。

restive(いやがる)ということばのもともとの意味は「手のつけられない」「乱雑な」「頑固な」「非協力的な」だ。

こうなると、もし3人の人がrestiveということばを聞いたら、みんながちがう意味を頭に思い浮かべるかもしれない——1人は「落ち着いた」、1人は「落ち着かない」、1人は「頑固で非協力的」。そうなれば、その後の会話はどんなに混乱することだろう。

混乱は、厳密な意味と、いい加減な俗語的な意味がある場合にも起きる。私が誰かを「畜生」と呼んだら、それは事実としてそれが動物だということか、それとも単にその人物が気にくわないと言っているのか?

ベリンダが「故殺」の罪に問われたと聞いたら、故殺というのがカッとなっての殺人だという意味なのを知らない人は、ベリンダについて何やら扇情的なイメージを描き、彼女が誰かを入念な計画をもって「故意に」殺害したと思うかもしれない。

多くの人は、交響曲というのがクラシック音楽すべてのことだと思っている。ショパンの夜想曲も、彼らには交響曲だ。

ビクトリア式の、ということばを、保守的とか謹厳とかいう意味だと思っている。ある人は、アレキサンダー・ポープの詩をビクトリア式と表現した——ポープの詩はビクトリア王朝より優に1世紀は前なのだが。

さらに、心理学や精神医学のことばがある。サイコパス、統合失調症、神経症、偏執狂……等々。それぞれの用語はまったくちがっており、それぞれの医学的な意味は別々なのだが、しばしばこれらはいっしょくたにされて、変な振る舞いすべてを指すのに使われる。医学や心理学の用語は、自分の言っていることがよくわかっていない人間にとっては宝庫のようなものだ。**心理学をふりかざす人物には要注意!**

言語的な混乱と密接に結びついているのが、評価の入ったことばが定義なしに使われる場合だ。たとえば、ラッサーさんを「粗雑」と表現したとしよう。このとき、その人は何らかの性質を念頭においているけれど、聞き手はまったくちがった意味で受け取るかもしれない。だからどういう意味かを説明しない限り、聞き手は独自の意味づけを行って、まったくちがった連想をするかもしれない。

評価的なことばは、みんな考える意味がちがう。したがって、複数の人間が評価的なことばを聞くと、それぞれの連想は話者の意図とはまったくちがうかもしれない。

ときには、ことばが濫用《らんよう》されることもある。デビッド・フィッシャーは著書『歴史家の虚偽』で以下の見事な洞察を示している。

> 「歴史家は「時々」という意味で「常に」と書き、「たまに」という意味で「時々」と書き、「滅多にないが」という意味で「たまに」と書き、「一度だけ起きた」という意味で「滅多にないが」と書

く。歴史的な文献では「まちがいなく」というのは「おそらく」という意味で、「おそらく」というのは「かもしれない」という意味で、「かもしれない」というのは「ありえなくもない」という意味だ」

歴史家に限った話じゃない！　かなり教育の高い人でも、こんなことを言う。

「今日の出席率の高さには驚きました。みんなが来ていました！　欠席者はたったの6人！」

こういう発言にどう言えばいいだろうか。怒り狂って、6人が欠席したならみんなは来てなかった、と言うべきか。ときには、この世がアリスの不思議の国で、ことばは発言者の思い通りの意味になるという気がする。

フィッシャーは、さらに問題を説明し続ける。もう一度注意したい。以下のコメントも、歴史家についてだけのものとは思うべきでない。

「同じく「言うまでもなく」という表現は、ときには「どう説明すべきか私にはわからない」という意味に解釈したほうがいい。また歴史家が「不明である」と書くとき、それは「私は知らない」とか「私にはわからない」とか、ひどいときには「知ってるけど教えない」という意味かもしれない。

「実際のところ」というのはときに「私の意見では」というだけの意味だったりするし、「まちがいなく」とか「疑いなく」とか「一点の疑問もなく」という表現は、しばしば実際には「疑わしいところはあるけれど、著者である私はそれを無視することにする」という意味だったりする」

093 多義語
Equivocation

ことばの多義性もしばしば混乱のもとだ。主な多義性には3種類ある。最初のものは、ことばに複数の意味合いがあって、それぞれがごっちゃになっているときだ。各種の意味が区別されていないので、混乱が入りこむ。

ディズニーワールドの広告に、**「そろそろ夢を現実にしませんか?」**とある。ディズニーワールドは、ほとんどの大人の夢とはまったく関係ないだろう。もっとばかげた例としては、こんなものがある。

「ジェームズ・モンローは強力な大統領でした。だから彼の家を保存するときにも、強力なペンキが必要とされます。そこで選ばれたのがZ社の製品でした。強力な大統領にふさわしい強力なペンキ。ですからZ社のペンキを使いましょう」

第2の多義性は、ことばの意味が話の途中で変わるときに生じる。前に挙げた例を見てみよう。

「刑務所の改革が必要です。しかもすぐに。いまの刑務所は、人間が生まれながらにして持つ尊厳を奪っているのです。かつて偉大な人道主義者アルベルト・シュヴァイツァーは、こう語りました。『人間としての基本的な権利や尊厳が奪われている人物がひとりでもいる限り、誰も自由とは言えない』と。このままでは、みなさん、誰も自由とは言えないのです」

ここでは「自由」ということばに多義性がある。最初のほうでは、それは極めて広い意味で使われている。思想の自由、信教の自由や言論の自由など、人権宣言で認められている自由だ。そして後のほうでは、限定的な意味で使われている。収監されていないという、物理的な意味での自由だ。この種の両義性はとてもわかりにくく、かなりの混乱を引き起こす。

第3の多義性は、相対的な意味のことばからくる。

「アイゼンハワーはよき将軍であり、よき市民であり、よき父親でもあり、よきゴルファーでもあり、よきアメリカ人でした。したがって、よき大統領となるでしょう」

この結論はまったく理屈になっていない。最高の将軍で最高の市民、最高の父親、最高のゴルファー、最高のアメリカ人かもしれないけれど、だからといってよい大統領になるとは言えない。

別の例を挙げよう。

「クライスラービルはビルだ。また、小さい摩天楼でもある。したがってクライスラービルは小さなビルである」

もちろん正しくない。こんなふうに形容詞を勝手に移動させたら、意味もゆがんでしまう。

094 大言壮語
Fustianism

大言壮語も、混乱を招く(「040　大げさなことば／ジャーゴン／ダブルスピーク／ゴブルディーグック」も参照)。派手で、気取った、けばけばしく飾り立てたことばや考えは、ときには話し手に大した話題がなく、無意味なことを言っているとか、自分の言いたいことがわかっていないとか、単にことばを投げてみているだけとか、何も語っていないということを隠しているのだ。

「虚無について語るのであれば、それを定義しなければならず、定義するにはそれが存在していなければならず、存在しているならそれはモノであるはずだ、というのも存在するものでモノでないものはないからだ——それが実体を持つにせよ抽象的であるにせよ。定義はそのモノの内在的な本質の認知を前提とするものであり、本質が同定できるのであればその存在論を認知せねばならず、存在論を受け入れるのであれば、挙証責任をまちがいなく満たすこととなる」

こんな大言壮語を聞いて感心する人もいるだろうし、そういう人はもったいをつけているだけの発言と博学とを混同するだろう。

095 ダブルスタンダード／ダブルシンク
Double standards / Doublethink

基準の使い分けも混乱につながる。基準の使い分けは、ある信念を持つと称する人物が、自分自身についてだけはその信念を適用しない場合に起きる。「私の行動ではなく、言うことに従うように」という古い風刺はいまも健在だ。人々は、自分の都合のいいように基準や信念を変えることが極めて多い。

たたき上げのビジネスマン、ヘンドリクス氏は、金持ちはたくさん課税されるべきだと強く信じている……が、自分が金持ちになった途端に論調を変える。ギャルヴィンさんは、大麻を吸うような若者文化を厳しく糾弾しているのに、自分の息子がつかまった途端に態度を変える。

「まあそんな深刻な話でもありませんし。みんな1度はやってみることでしょう。お酒とはちがいますよ」

ジョージ・オーウェルは、この現象をダブルシンクと名づけた。2つの矛盾する信念を同時に抱く能力のことだ。

ときには、ダブルシンクを犯しているように見える人が、単に真の動機を明言していないだけのこともある。重役たちが会議の時間を決めようとしている。これは月曜の朝の会話だ。

B「みんな火曜の午前も午後もふさがっている。火曜夜の夕食後はどうだね?」
D「やめてくれ。いつでもいいけれど晩だけはダメだ。晩のミーティングは最悪だ。夜にはぐったりしてしまうし、晩の会議は生産性も低い。時間もあまりないし」
G「じゃあ水曜の午前か午後はどうだ」
B「水曜は一日出張だ」
H「うーん、木曜までには会議が必要だから、今日の午後しか空いてないな。今日の4時はいかが?」
D「それはまずい。時間もないし……せかされている気がするだろう。今晩9時はどうだ。町に残ってゆっくり飯でも食ってから、さっぱりして9時の会議にくればいい——どうせすぐにすむ会議だし」

この時点で、重役たちはD氏を絞め殺したくなるだろう。ついさっき、晩の会議はいやだと言っていたくせに、いまは晩に会議をしようと言う……しかも夜9時に。また4時に始まる会議を、時間がないといって却下したくせに、「どうせすぐにすむ会議だ」と言っている。こんな矛盾をどう説明する気だろう?

実はこういうことだ。D氏は午後遅くに始まるワールドシリーズの決勝戦をどうしてもテレビで観たいのだ。一方、たかが野球の試合見物で他のみんなに迷惑をかけるのは気が引ける。だから、ご都合主義的な振る舞いをする。残った唯一の時間、つまり月曜夜に飛びついて、しかも自分に都合のいい9時などという時間を示唆する。これなら家に帰って試合を見てからでも会議にこられるからだ。

晩の会議が嫌いなのは事実だが、試合さえ見られれば、どんな不便も我慢する気でいる。同僚は、そんな動機を知らないのでこいつはアホかと思っているが、D氏は個人的な理由のために、信用も一貫性も犠牲にしていいと考えているわけだ。

096 視野狭窄《きょうさく》

Limited perspective

基準問題はとても重要なことが多い。誰もが同じ基準で問題にアプローチするわけではない。混乱は、出発点のちがいが明確でないときに起きる。そういう場合にはすれちがいが起きる。

ホルト氏の秘書エレンは頭痛で苦しんでおり、しばしば会社を休む。偏頭痛の発作で2、3日続けて休むこともある。さてある日、バラード社長がエレンについて質問する。会話の中で社長は「エレンは真面目に仕事をやっとるのかね」と尋ねる。ホルト氏は答える。

「うーん、どうみてもまじめにやっているとは言えませんねえ。偏頭痛で仕事を休むのは仕方ない。でも仕事が机に山積みで、えらく遅れるんですわ。机が仕事で山積みのときにも、毎日きっちり5時に帰る――昼休みを早めにきりあげて仕事をこなそうとか、土曜に出てきて片づけようとかもしない。いやいまこの時点でも、書類作業が数日遅れですよ。ですからどう見ても真面目にやってるとは言いがたいですねえ」

ここでの問題は、ホルト氏が状況を自分の視点からしか見ていないことだ。エレンは実は、真面目に仕事をやっている可能性は十分にある。ホルト氏がもっと残業して仕事を片づけろと命じたことがないだけで、エレンは自分の時間を割《さ》くなど思いもよらないだけなのかもしれない。また人事担当者がエレンに、**「はっきりした命令がない限り勤務時間は９時から５時まで」**と告げたのかもしれない。したがって彼女からすれば、自分は最大限に仕事をこなしていて、ホルト氏の発言は不公平ということになるかもしれない。

097 循環論法／論点先取
Circular reasoning / Begging the question

別の混乱のひとつが、循環論法だ。議論が前提のひとつを結論にしているとき、その論証は循環していると言われる。循環論法は何も証明していない。単に、前提を証明すると称してその前提を言い直しているだけだ。以下の２例は、循環論法がどういうものかを明確にするだろう。

例1 **「サミュエルソンの経済学の本は、全国の学校や大学で使われている。これはサミュエルソンが経済学の権威だからだ。彼が権威であり、しかも大権威であることは誰も否定できない。なぜ権威だとわかるかといえば、彼の著書が全国の学校や大学で教科書として使われているからだ。権威でなければ、著書がこれほど広範に使われることはあるまい」**

例2 **「高価なスーツを着たら、雇い主の印象がよくなるかもしれない。いい印象を与えたら、仕事がもらえるかもしれない。仕事をもらえたら、高い給料がもらえて、高い給料があれば、高い服が買える」**

循環論法の論理の形式はこういうものだ。

（1）Aが真なので、Bも真である。

（2）Bは真なので、Aは真である。

（3）したがってAは真である。

だが、Aが真だというのは最初から言われていた。だから何ひとつ証明されていない。

循環論法はたまに笑える結果を導く。

マーサ　「ジョージ、昔デートのとき、うちのお父さんが必ずあたしたちの帰るまで待ってたでしょう。あたし、実はお父さんがいてくれて助かったと思ってるの」

ジョージ「どうして？」

マーサ　「あんな落ち着かない状態で、あなたとふたりきりではいたくなかったから」

ジョージ（怪しむように）「どうして？」

マーサ　「自分が何をするかわからなかったからよ。自分が抑えきれなくなるんじゃないかと思って怖かったの」

ジョージ「ああ、それはまったく心配の必要はないよ。ぼくは何もしなかったから」

マーサ　（怪しむように）「どうして？」

ジョージ「だってきみのお父さんがその場にいたから」

推測
Inference

各種の混乱がまちがった推測からくる。人々はことばや命題を誤解し、必要以上の類推を行い、不適切に行間を読み、因果関係のないところに因果関係を仮定し、不十分なデータをもとに一般化をする。

098 否定を反対ととりちがえる
Confusing complement with opposite

ときには、ある単語の否定形がその反対語と混同される。たとえば、「よい」の否定は「よくない」だ。反対は「悪い」だ。「よくない」と「悪い」の２つはまったく意味がちがう。

ある公演が**「よくはなかった」**と言うのは、それが悪い公演だったと言っているのではない。同じように、**「ビンガムさんはきみが好きではないようだ」**と言っても、それはビンガムさんがあなたを嫌っているということではない。

同じように、２人の人物がちがった見方をしていて、私が片方に賛成したからといって、もう1人に反対していることにはならないし、それがまちがっていると主張していることにもならない。でも、その人は、私が反対していると思いこむかもしれない。

概念には3つの度合いがある。その概念が示す性質が存在する状態、その性質が存在しない状態、そしてその性質の反対が存在する状態。その中間の状態、つまり否定形は、単にその性質が存在しないと述べているだけだ。それ以上のことは言わない。中立であり、何の言質《げんち》もない。

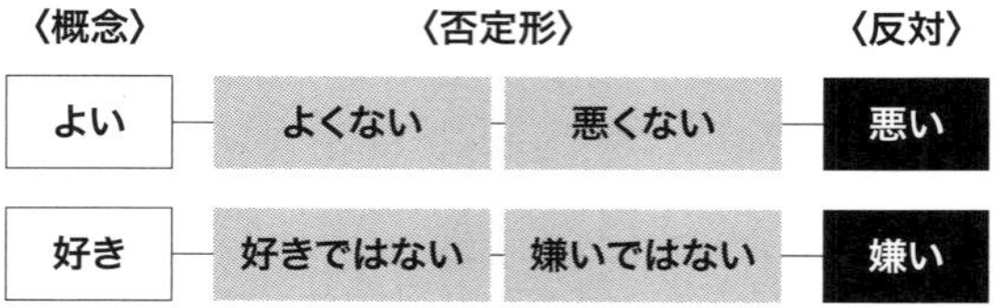

もし言語を真剣に扱うのであれば、概念をその否定形と分ける縦線、および否定形をその反対概念と分ける縦線は、決して越してはいけない。実は、否定形はあまりに多くの問題を引き起こすので、できるだけ避けて、すべてを肯定形で述べるほうがいい。

だから、**「公演はよくはなかった」**と言うかわりに、**「公演はそこそこだった」**とか**「さしてよくも悪くもなく、まあ我慢できる程度のものだった」「公演は凡庸だった」「公演はつまらなかった」**と言うほうがいい。

そして、**「ビンガムさんはきみが好きではないようだ」**と言うよりも、**「ビンガムさんはきみが好きでも嫌いでもないようだ」**とか、

「ビンガムさんは特にきみのことをどうとも思っていないようだ」と言ったほうがいい。もし肯定形で言うのが実用的でないなら、少なくとも反対語を意味しているのではないことを明確にすること。

099 合成の虚偽
Composition

さらに合成の虚偽がある。この虚偽は、部分の持つ性質を全体に当てはめるときに起きる。**「それぞれの部分について成立することは、全体についても成立するはずだ」**。こうした推測は、必ずしも事実ではない。

ある交響楽団の構成員が、**それぞれ**すばらしい演奏家だからといって、交響楽団が**全体として**すばらしい演奏をするかといえば、そうは限らない。団員は協力が下手かもしれないからだ。合成の虚偽は、部分の間に働く関係を無視することから生じる。個別の部分について当てはまることは、全体については必ずしも当てはまらない。

合成の虚偽は、性急な一般化とステレオタイプ化につながる。これはある集団の個人または一部個人の行動が、その集団全員に投影されるときに生じる。X大学の学生数名が近所の酒場で大騒ぎをやらかせば、一部の人はX大学の学生全員が問題児だと思うようになる。

100 分割の虚偽
Division

逆のプロセスは、分割の虚偽と呼ばれるものだ。全体について当てはまることは、個別の部分についても当てはまるはずだ、ということだ。ある人は、交響楽団が見事に演奏するから、団員それぞれが独奏でもすばらしいにちがいない、と論じるかもしれない。

スティーブンはイェール大学に入ったから、高校でも優等生だったにちがいない、と思う人もいる。さて確かにイェール大学は優等生をたくさんとるけれど、金持ちの子弟や卒業生の子どもも入学させるし、特別な能力の持ち主も入学させる。だからスティーブンが高校でも優等生だったと推測するのは、確実だとは言えない。

101 不適切な分配・加算の虚偽
Improper distribution or addiction

不適切な分配の虚偽、加算の虚偽という虚偽がある。この虚偽は、加算できないものを加算できると想定するところから生じる。

校長がこう述べる。

> 「毎朝忠誠の誓いを唱えるのはやめましょう。そうすると1日2分の節約になり、週に14分。1年では半日分の節約になります」

これは紙上の計算だ。1日2分の節約は、実は無視できるほどのものでしかない。

ある大都市の教育委員会は、この虚偽を使って雪嵐で失った時間を取り戻そうとした。嵐で休校になった分の時間を取り戻すために、学校の授業時間を1日30分ずつのばしたのだった。

誰かがあるとき、

「パジャマにボタンでなくジッパーをつけたら、一日20秒を節約できるので、年に数時間、一生で3日か4日節約できる」

と主張した。虚偽は、パジャマのボタンをかけるかわりにジッパーで閉めることで節約できる20秒を集めて貯めておくことはできない、というところにある。

この虚偽のバリエーションは、人々が何かを再分配しようとするときに起きる。**「最終的に帳尻があえばすべてよし」**というわけだ。

校長がフットボールのコーチにこう言う。

「フットボールの練習で、月曜から木曜まで1日90分ずつというのは無理だ。でも心配しないように。失うものは何もない。金曜に、正午から6時まであげよう」

ここでの問題は、フットボールのチームは毎日少しずつ時間を必要とするのだ、ということだ。フットボールの技術は、積み重ねによって進歩してゆくものだ。校長は、週に6時間あればそれがどう分配されても同じだ、とまちがって理解し、6時間の練習を週に1回やろうと、90分の練習を週に4回やろうと同じだ、と結論づけたことになる。校長は、収穫逓減の法則を無視した。これは、練習を長引かせればだんだん生産性は落ちる、という法則だ。

この虚偽は、役所が年金受給者に対して、数カ月は支給金を渡せないが、後で支給金を倍増することで埋め合わせる、と提案するようなときにも起こる。

たとえば年金局が、4月には年金を渡せないが5月に年金を倍額渡したいと言ったとする。この局が忘れているのは、人は4月に食べるのをやめて、その分5月に食いだめするというわけにはいかない、ということだ。

102 共通の性質に基づく決めつけ
Definition because of common characteristics

ある人が、ある集団の主要メンバーと似たような性質を持つから、その人物もその集団のメンバーにちがいないと思いこむ。

「すべての共産主義者は資本主義を信用しない。ハリエットは資本主義を信用していない。だから、ハリエットは共産主義者だ」

この結論は必ずしも正しくない。ハリエットが資本主義を信用しないからといって、自動的に共産主義者にはならない。共産主義者以外の人たちも資本主義を信用していない。この種の虚偽を指す専門用語は、排中律の虚偽だ。これについてはまた後で検討する。

103 意見、憶測、推測、見解を事実と混同する
Confusing opinion, speculation, inference with fact

意見、憶測、推測、見解がしばしば事実と混同される。この誤解はしばしば**噂**となって現れる。

デビッドはフィリップに、今の仕事がイヤだと告げる。フィリップはリンダに、デビッドが仕事を辞めたがっていると告げる。リンダはサムに、デビッドが辞職したと告げる。そうして話が広がる。

人々はしばしば口に出して考えるので、完全に確信していないようなことを口に出すこともある。そうした発言を広めるのは無責任なことだ。

アルゼンチンで暮らすアメリカ人たちについてのテレビ番組があった。番組の最後で、1人がこんな質問をされた。

「もしここのアメリカ人たちが、残るか帰国するかという選択をすることになったら、どっちを選ぶと思いますか?」

聞かれた側はしばらく考えてから、**「帰国すると思います」**と答えた。さて、ブラウン夫妻がこのインタビューを見ていたとしよう。ブラウン氏の会社は、彼にアルゼンチンへの転勤を打診している。だがブラウン夫人は断固反対している。ブラウン夫人なら、当然こう言うだろう。

「ほらごらんなさい、ジョージ。言った通りじゃないの。アルゼンチンなんか絶対気に入りませんって。あたしが言ってるんじゃないのよ――いま証拠を見たでしょう。あそこにいるアメリカ人たちは、もう帰りたがってるんですって」

ブラウン夫人は、自分に都合のいいところだけを聞いたわけだ。1人の意見を聞いて、それを事実として扱っている。テレビに出ていた回答者が正しいかまちがっているかわからないけれど、意見を事実扱いしてはいけない。

104 全体と一部、「ある〜」と「ほとんどの〜」の混同

All / some or one / most

「**すべて**」と「**部分**」とを混同したり、「**ひとつ**」と「**ほとんど**」を混同するとき、非常に危険な虚偽が起こる。一部の人がある意見を持っているというだけで、その意見がすべて、またはほとんどの人のものだと想定してしまう。もっと悪いことに、多くの人はたったひとりの意見を集団全体に投影してしまう。この人がそう感じているなら、他の人もそうだろうというわけだ。

前の項目で挙げた例がここにも当てはまる。ブラウン夫人は、ひとりの意見をアルゼンチンに住む全アメリカ人の意見だと思っている。これは合成の虚偽の一種だが、合成の虚偽は部分について当てはまることが全体についても適用されるというものだけれ

ど、こちらの虚偽は一部の部分について当てはまることが、他の部分すべてにも当てはまると想定する虚偽だ。

このプロセスは個別事件にも適用できる。レズビアンが泥棒でつかまった。

「レズビアンなんか信用できないと前から思ってたんだよ」

被害者は、ひとりの振る舞いを全体に投影し、自分の偏見を裏書きすることにだけ利用する。フロントガラスに入ったひびが広がって事故を起こした人がいる。するとある政治家がすぐに、フロントガラスにひびの入った車を運転することは一切まかりならぬという法律の旗を振る。市職員数名が公金を着服していたのを見つかる。すると誰かが「**役人はみんな泥棒だ**」と言う。

まとめ

これらすべては、過剰反応、せっかちな一般化、単純化しすぎ、ひとつの部分に当てはまることをすべての部分に拡大する、などの例だ。すべて／一部の虚偽は悪質だが、驚くほどありがちだ。ステレオタイプ化や偏見のもとだし、ひどくまちがった結論にもつながってしまう。

第9章

原因と結果の混同

「どうしてこんな街角に立って、
派手に手を振り回して叫んでるんですか?」

「ゾウを追い払ってるんだよ」

「でもゾウなんかいないじゃないですか」

「そりゃそうだ。おれがここにいるおかげだよ」

——昔からの笑い話

因果関係の研究は複雑なこともある。本章では、まちがった因果関係の推測からくる、ありがちな混乱をいくつか取り上げる。まずは、3種類の原因または条件を整理しよう。

必要条件：XがＸ満たされない限りYが起きない場合、XはYの必要条件だ。

ピアノの演奏をするためには、ピアノの鍵盤を知っていることが必要条件となる。鍵盤がわからなければピアノは弾けない。酸素を得るのは、人間が生きるための必要条件だ。酸素がないと人は生きていけない。

十分条件：XがあるときYが必ず生じるなら、XはYの十分条件だ。

熱い金属を握るのはやけどをするための十分条件だ。ただし他にもやけどをする方法は無数にあるので、これは必要条件ではない。したがって、熱い金属を握る、熱いストーブに触れる、熱湯をこぼす、燃える石炭に触る、マッチを擦って短くなりすぎるまで持っている……これらの5つの条件――およびその他無数の条件――は、人がやけどを負うための十分条件となる。

寄与条件：XがYを生じさせるためのいくつかの要因のひとつなら、XはYの寄与条件となる。大量喫煙は、肺がんの寄与条件である。他の条件からも肺がんは生じるので、必要条件ではない。そして大量喫煙者が全員肺がんになるわけではないので、十分条件でもない。

今の3種類の因果関係をまとめてみよう。

Xが起きなければ、Yは起きない：必要条件
Xが起きたら、Yが起きる：十分条件
Xが起きたら、Yが起きることもある：寄与条件

よくある虚偽は、人々がこれらを区別しないために起きる。たとえば寄与条件を十分条件と混同する場合などだ。一要因にすぎないものを、唯一の原因だと見なしてしまう。

「喫煙は肺がんを引き起こす」というのはそうしたまちがいの例だ。この発言は「喫煙は肺がんを引き起こすこともある」または「喫煙は肺がんの大きな原因である」と言い直すべきだ。こうした混乱は一種の単純化のしすぎであり、性急な一般化であることも多い。

ときには単純化のしすぎが、饒舌に隠されていることもある。

「仕事に不満はありませんか？　実力が発揮できないとお悩みではありませんか？　能力を活かしきれてない？　上司を見て『自分のほうが優秀だ、自分ならもっといい仕事をやる』と思いませんか？
有能な人の多くが出世しないのは事実です。さて統計によれば、イメージが重要です――あなたが自分自身をどう見せて、どういう態度を取るかということです。頭角を現すには、積極的になり自信を持つことです。じっと手をこまねいて、機会がくるのを待っているだけではダメです。

パーソナルダイナミクス社は、そんなあなたを助けるために創立されました。パーソナルダイナミクス社は、リーダーシップの要素を研究し、あなたを助ける訓練を受けてきた専門家集団です。あなたのいちばん良いところを引き出し、他人があなたの真価を認識するための手法をお示しします。

だから、出世したければパーソナルダイナミクス社へどうぞ。明日からのあなたは、もう別人です」

饒舌を取り去ってみると、この広告は寄与条件を必要条件や十分条件と混同している。イメージを変えないと出世できない（必要条件）、イメージを変えたら出世できる（十分条件）とにおわせている。正しく言うなら、パーソナルダイナミクス社はあなたのイメージを変える手助けができるかもしれず、イメージを変えればあなたは出世しやすくなるかもしれない、ということになる。

105 必要条件、十分条件、寄与条件を混同する
Confusing contributory, sufficient, and necessary causes

２番目の因果関係濫用は、必要条件と十分条件の混同からくる。

グリーン弁務官「何千人もの失業者に職を見つけるために
われわれが協力しなければ、ゲットーの人々
の窮状は改善されませんよ」
グレイ弁務官「何を言ってるんですか。通りをうろついて
強盗を働き、麻薬にうつつをぬかしているよ
うな、何千人もの若者はどうなんですか?」

グリーンは必要条件を挙げている。ゲットーは、人々が雇用されないと改善されないよ、ということだ。グレイは十分条件を述べている。職を見つけるだけじゃゲットーは改善されない、ということだ。でもグリーンは、職さえ見つければすべて解決するとは言っていない。それが必要な一歩だと言っているだけだ。両者は必ずしも対立しているわけじゃない。単に目的がすれちがっているだけだ。

106 間接原因と直接原因の混同
Confusing remote cause with immediate cause

別の混乱は、間接原因(遠因)が直接の原因と区別されない場合に起きる。風が吹けば桶屋が儲かるという小話を思いだそう。

風が吹けばほこりが立つ
→ほこりは人の目に入る
→ほこりが目に入ると盲人が増える
→盲人は三味線をひくので三味線の需要が増える
→三味線の需要が増えると材料用にネコが狩られる

→ネコが狩られて減るとネズミが増える

→増えたネズミは桶をかじる

→桶がかじられるので桶屋の仕事が増えて桶屋が儲かる

＝したがって、風が吹けば桶屋が儲かる

というわけだ。

原因はどこまでさかのぼれるのだろうか。これは答えようがないけれど、当然ながら常識で考える必要がある。そして人が自分を正当化したがる傾向には気をつけること。

107 自己正当化
Rationalization

たとえば、ちょいと飲みすぎたアンダーソンさんは、自動車事故にあって車をつぶしてしまう。家に帰った彼は、奥さんをどなりつける。

「これはみんなおまえのせいだ。おまえさえいなけりゃこんなことにはならなかったんだ。おまえがうちの預金を使い果たしてなければ、おれはこんなに頭にこなかっただろう。頭にこなけりゃ、けんかもしなかっただろう。けんかしなかったら、怒り狂って家を飛び出したりもしなかっただろう。そしたら酒場に行ってウイスキーを飲むこともなかったんだ。そして飲まなきゃ事故にもあわなかった。おまえのせいだからな」

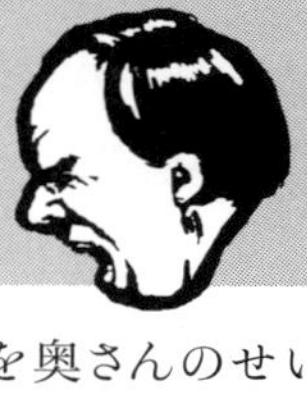

さて、どうこじつけてもアンダーソンさんは事故を奥さんのせい

にはできない。事故の直接の原因は彼が酔っていたことだ。アンダーソンさんが飲まずにいられなかったのは当人の勝手だが、飲んだら乗るなというのは知っていたはず。飲酒運転をしたなら、事故を起こした責任もとるべきだ。奥さんを責める発言は、自己正当化もいいところだ。

以下の発言で含意されている因果関係を見てみよう。

「ぼくが野球でエラーをしたのは、昨夜経済学の中間テストの準備で夜更かししたせいだよ」

この発言には少なくとも4通りの指摘ができる。

(1) 話し手は寄与条件を十分条件と混同している。つまり、理由のひとつにすぎないものを、決定的な理由だとしている

(2) 自己正当化しているだけだ

(3) 小さな原因を主要な原因としている

(4) 遠因を直接の原因として挙げている

そしておそらくは5つ目の関係もにおわせてはいる。必要条件だ。つまり「夜更かししなかったらエラーもしなかった」と言いたいわけだ。

108 原因と結果のとりちがえ

Reversal of cause and effect

別の虚偽は、原因と結果をとりちがえてしまったときに起きる。

「美術は必修にすべきです。わが校で最も創造性のある生徒は美術を選択しています。卒業生みんなに創造的であってほしいですよね。だから美術の講義をたくさん取れば取るほど、みんなどんどん創造的になるでしょう」

美術の講義が生徒を創造的にするのか？　それとも創造的な学生が美術の講義に惹かれやすいというだけなのか？

「ツメをかむと神経質でカリカリした人間になります。ツメをかむ人を10人ほど知っていますが、みんなピリピリしています。リラックスした人になるには、ツメをかむのをやめましょう」

話し手は、因果関係をひっくり返している。ツメをかむから神経質になるんじゃない。実際には、神経質な人はツメをかむようになるわけだ。

「もちろんバートンさんは、フランス語がこの世で最も美しい言語だとお考えです。というのも、フランス語を専攻し、ひまさえあればフランスに旅行していますから、当然ながらフランス語がすばらしいと言わざるをえないわけです」

でもバートンさんは、フランス語が美しい言語だと思えばこそ、それを専攻したというほうがありそうだ。この人が言うように、専攻したからフランス語をほめたがるというわけではないんじゃないか。

109 続けて起きただけの現象に因果関係を見る虚偽
The post hoc fallacy

因果関係の濫用は、単に時間を追って起きただけの現象が原因だと思われてしまうときにも起きる。これはポストホックの虚偽とも呼ばれる。ラテン語の「この後(ポストホック)に起こったからこれが原因」という言い回しからくる。

この虚偽は、Yという事象がXという事象より後に起きたから、YはXが原因で起きたと論じるときに生じる。

古典的な例は、毎朝太鼓を叩く未開部族の例だ。彼は自分が太鼓を叩いたあとで闇が晴れるのを見て、自分の太鼓が闇を追い払っていると結論する。ほとんどの迷信はこの分類に入る。**「今日仕事がうまくいかないのは、縁起の悪いものを見てしまったからだ」**など。

「ギャリソン市長が3カ月前に就任して以来、市役所で汚職はまったく見られません。市政府に潔癖さをもたらしたギャリソン市長の功績は実に大きい」

この発言には、言いたいことがいろいろあるけれど、ここではギャリソン市長が汚職退治に貢献したという明確な証拠がない限り、なんとも言えないと指摘するにとどめよう。汚職が見つからない理由は他にもいろいろ考えられるのでは?

110 同時に起きただけの現象に因果関係を見る虚偽
Inferring that simultaneous occurrences necessarily have a cause-and-effect relationship

ポストホックの虚偽のバリエーションに、2つの出来事が同時に起きたから因果関係があると論じる虚偽がある。

「技術万能の時代に入り、特にコンピューターにばかり頼るようになってから、人々は宗教から離れてしまった。教会への礼拝は、コンピューターの登場以前に比べて大幅に減り、多くの教区が信者の減少を嘆いている。明らかに人々はコンピューターのおかげで万能感と自信を抱くようになり、宗教の必要性を感じなくなったのである。技術が新しい神になった」

111 原因でないものを原因として扱う／偶然
False cause / coincidence

別のバリエーションとして、人がせっかちに結論に飛びつく場合がある。この虚偽はときに、non causa pro causa、つまり原因でないものを原因として扱う、とも呼ばれる。自宅が空き巣に入られたキャロンさんは、これが私怨によるものだと思いこむ。でもおそらくは、泥棒は単にキャロンさんの家が入りやすかったので盗みに入っただけで、別に個人的な恨みがあったわけではなかろう。

「ハリウッドのスターはブロンドばかりよ。スターになりたいなら、髪をブロンドに染めたほうがいいわ」

これまた、まちがった原因の虚偽だ。スターがスターになったのは、ブロンドだからじゃない。ブロンドのほうがいいのかもしれないけれど、因果関係は示されていない。

112 まちがった結論
False conclusion

さらにまちがった結論の虚偽がある。これは第5章ですでに見た。この虚偽では、いくつかの理由づけが不適切で、関係ないまちがった結論を導くのに使われる。

> 部長**「もう1週間連続で遅刻してるじゃないか。それだけでもうおまえはクビにできる。そうしたら義弟を雇える。義弟はしばらく前からここで働きたがってたんだ」**

ここでは2点指摘できる。

(1) それだけの理由で社員はクビにできないかもしれない。警告があったかわからないし、遅刻には理由があるかもしれないし、部長はその理由を検討していないかもしれない。社員をクビにするより、論理的に考えれば部長としては社員に警告をまず出すべきだ。

(2) その社員がまったくの怠け者だったとしても、部長が義弟を雇うべきまともな理由は、縁故採用以外には特にないかもしれない。

まとめ

原因のように見えるものの中から、まともな真の原因を選《よ》り分けるのはしばしば困難だ。ときには、どれが真の原因でどれが単なる付随現象かを見分けるのはほんとうにむずかしい。

大きな問題のひとつが客観性の欠如だ。多くの人は、自分の偏見を正当化したり、自分のまちがいや欠点の言い訳として因果関係をでっちあげる。事実を明らかにして、きちんと考え、分析し、客観的になるだけの時間とエネルギーをかけないので、結論に飛びついてしまうのだ。

第10章
単純化しすぎる

「あなたはケチよ。
あたしに言わせれば、
ケチってのは休暇に
女房を
ヨーロッパ旅行にも
連れてかないような
人のことよ。
あなたはこの夏、
あたしをヨーロッパに
連れてってくれないんでしょ。
高すぎるとか言って。
ほらごらんなさい。
あなたは立派なケチよ」

——循環定義

単純化しすぎる傾向はよく見られる。単純化の誘惑に負けた経験は、誰しもあるだろう。

複雑な問題に、手っ取り早く手軽な解決策を求めるとき、ある問題に深入りしたくないとき、ぞんざいな、せっかちな返答をするとき、われわれは過度の単純化に手を染める。

プロパガンダや感情に訴える議論や混乱についての章で挙げた項目のいくつかは、単純化しすぎの例でもある。以下の議論は、それらにつけ加えるものだ。

113 個別性の虚偽
Accident

個別性の虚偽は、一般論が、本来想定されていない状況に適用されるときに生じる。この虚偽は、一般論や原則には例外がないと思ってしまうことからくる。

法律の字面だけ見て、その精神を無視する。たとえば夜で霧が濃く、路面が濡れているとする。ボーデン夫人は夫に、もっと車のスピードを落としてくれと言う。すると夫はこう答える。

「何言ってるんだ。制限速度は80キロだぞ。ちゃんとそれ以下で走ってるじゃないか」

ボーデン氏はここで個別性の虚偽を犯している。いまこの時点の路面状態では、制限速度の80キロは適用できないという事実を無視している。「汝殺すなかれ」という十戒の一節を盾に、戦争や死刑を糾弾する人々は、この虚偽を犯していると相手には思われることになる。

114 複合質問
Complex question

いくつかの意味合いを持った問題が提起されているのに、その意味合いが無視されたり気がつかれなかったりするときに生じるのが複合質問の虚偽だ。

「この提案を受け入れるべきか、イエスかノーかでお答えください」

と言われたとき、提案の一部は望ましいけれど、別の部分は望ましくないかもしれない。つまり複合質問にはしばしば、1つの質問のように見えて、実は別々の質問が組み合わさっている。

「あなた、いまでも浮気してるの?」

という質問には、実は2つの別々の質問が含まれる。

「いま、あなたは浮気をしているのか?」

「あなたはこれまで浮気したことがあるのか?」

複雑な質問をきちんと認識しないと、議論にあたっていろいろ混乱が生じる。

ある主張が、実は複合質問であることもある。たとえばある審議の決議案を見てみよう。

決議**「議会は大統領の提案したインフレ促進的な予算案を否決すべきである」**

実はこの議題の背後には、2つのちがった議題が含まれている。

（1）大統領の予算案がインフレ的である

（2）議会は予算案を否決すべきである

115 排中律／「2つにひとつ」の虚偽／「白か黒か」の虚偽

Excluded middle / either...or fallacy / black and white fallacy

排中律、または、「2つにひとつ」の虚偽とか「白か黒か」の虚偽とも呼ばれる。

「私の提案に賛成するかしないかの2つにひとつだ」と言うとき、実際には提案の一部は賛成でも全部は賛成できないこともある。

「犯罪者を完全に野放しにするか、さもなければ警察に無制限の権限を与えるかだ」

もちろん野放しにもいろいろレベルがあるし、警察の権限にも段階はあって、発言者はそれを無視している。別に犯罪者を完全に野放しにする必要はないし、警察に無制限の力を与えることもない。

この「オール・オア・ナッシング」の虚偽は、状況を極端な話に還元してしまう。スローガンはしばしばこの虚偽を使う。「アメリカを愛さないなら出て行け」「銃所持が犯罪になったら、犯罪者だけが銃を所持する」などなど。

116 お手軽な分類
Pigeonholing

その気になれば、どんなことでも自分勝手な色づけができる。複雑な問題の複雑な部分をはぎ取って、その問題をお手軽な一般的なカテゴリーに押しこめることで単純化しすぎる人は多い。

たとえばある地方大学で、リアドン教授は過去数年に学術論文を何本か刊行した。同僚がこう言う。

> **「リアドンはいつも論文ばかり出してるな。内心でわだかまっていることがあるんだろう。そこから気をそらすために、論文を必死で書くしかないんだろうよ。なんかあまりに必死だという感じがするじゃないか。かわいそうに……昇華(実現不可能な目標から目をそらすため、他の目標に向かって努力すること)のいい見本だな」**

同じ大学のセイラーズ教授は、ちっとも論文を書かない。

するとさっきの同僚はこう言う。

「セイラーズはちっとも書かないな。書くことがないんだろう。書いてもはねられるだろうし。それにどう見てもぐうたらなやつだから」

結局どのみち悪く言われるわけだ。書いてもダメ、書かなくてもダメ。

117 結論に飛びつく
Jumping to conclusions

単純化のしすぎの弊害がはっきり出るのは、人が結論に飛びつくときだ。

以前こんな経験があった。コインランドリーから戻ってくると、自分の洗濯物に女性のパンティーが混じっていた。前に乾燥機を使った人が忘れていって、こちらは中身を調べずに自分の洗濯物を入れてしまったわけだ。そのパンティーはゴミ箱に捨てたが、数分してふと思った。私のゴミ箱にパンティーが入っているのを見たら、人はどう思うだろうか?

118 ヒゲの虚偽
Fallacy of beard

ヒゲと認められるにはどのくらいあればいい? 毛が1本? それじ

ゃ足りない。毛が2本? それでもダメ。3本? まだまだ。追加で毛を1本増やしたところで、話は変わるだろうか? いや。明らかに、ヒゲが生えているというのと生えていないというのをきれいに分ける一線というのはない。

ヒゲの虚偽というのは、2つの現象を明確に分ける一線がないから、その2つの現象は同じなのであると論じることだ。これは、「白か黒か」の虚偽の一種だ。

現れ方には何通りかある。

(1) もう1つくらい増えても大差ない、という議論

校長が先生に対して、**「君のクラスはもう1人くらい引き受けられるだろう。1人増えても大差ないよ」**と言う。
そして数日後に、また同じような議論で生徒を増やし、その数日後にもう1人……と続ける。

確かに、1人増えても大差はないだろう。でもどこかで教室は満杯になったり、学級規模が手に負えないくらい大きくなったりするのも確かだ。

(2) Aが起きたらBが起き、そうしたらCとなってDが起きる、というような議論

「市が都市計画条例を変えて、ウィンター通りにスーパーマーケットを認めたら、こんどはマクドナルドも認められて、渋滞まみれになって、若者がそこらに入り浸るようになりますよ。さらにはチェーンストアがやってきて、それがショッピングモールになって、気がつくともう誰もウィンター通りには住めなくなりますよ」

「きりがありません」というわけ。これは古くさいドミノ理論だ。

(3) はっきりした一線が引けないのを口実に何もしない

労働組合と経営陣が賃金でもめている。

「適正な賃金とはいくらだね。200円?」
「いや」
「201円?」
「いや」
「202円?」
「いや」

そこで経営陣が、1円足しても大差ないんだから、細かいところでごちゃごちゃ言わずに現状でいいじゃないか、と論じたら、その経営陣はヒゲの虚偽を犯していることになる。

119 「すべて」の虚偽
Absolutes

「すべて」などの絶対表現を使った話をすることはよくある。「すべて」「みんな」「何もかも」「全部」「常に」「必ず」「絶対に」「誰も」「ひとつも」。でもそれが文字通りの真実であることはほとんどない。

「この新しい税制改革案を支持している人は誰もいない」
「市長の提案にはみんな不満だ」

こうした発言の「誰も」「みんな」というのは、実際には多くの人とか、あるいはもっと正確には自分の知っている多くの人が、くらいの意味だったりする。こういう絶対表現を使う発言では眉にツバをつけること。

120 "間をとって……"／妥協の虚偽
The faise mean / Fallacy of compromise

妥協が必要なこともあるだろう。でもそれが必ずしも望ましい解決策とは限らない。1日にタバコを2箱吸っている患者に、医者が絶対禁煙を申し渡す。すると患者が答える。

「先生、こうしましょう。1日半箱まで切りつめますよ、ね?」

患者の提案した妥協案は、悪くはないけれど、医師の最初の提

案のほうがよい。

ある学校の理事は、数学を必修にすべきだと考え、別の理事は全生徒にとって数学は選択科目でいいと考えている。妥協としては、半数の生徒に数学を必修にするとか、数学を4年ではなく2年間だけ必修にするというのがあるが、4年の数学教育というものに本質的に重要なものがあるのなら、これは受け入れがたい。

121 循環定義／はぐらかし定義

Circular definition / Begging the question

ことばの定義をあまりに狭くして、自分の想定通りの意味にしかならないようにしてしまう。

「あなたはケチよ。あたしに言わせれば、ケチってのは休暇に女房をヨーロッパ旅行にも連れてかないような人のことよ。あなたはこの夏、あたしをヨーロッパに連れてってくれないんでしょ。高すぎるとか言って。ほらごらんなさい。あなたは立派なケチよ」

この物言いは、奥さんの定義を採用すれば正しいけれど、でもその奥さんの定義はあまりに狭い。世間的なケチの定義から見れば、このご主人は別にケチとは言えないかもしれない。

122 堕落の虚偽
Fallacy of fall

「人類はエデンの園から追放されて以来、不完全な動物にすぎないのです。現状を改善しようとしても無意味だ。どうせ人間は、本来の堕落した状態に戻ってしまうんだから」

堕落の虚偽は、多義語の虚偽や個別性の虚偽の派生形だ。通常は、面倒くさがっている人や、はっきりした行動を取りたくない人が自分を正当化するのに使う。

職場に、ゲイルとジムという2人の助手がいる。ジムは遅刻ばかりしていて、ある日ゲイルが苦情を申し立てる。上司はこう答える。

「まあまあ、そう厳しく言いなさんなって。誰しも完璧じゃないんだから」

これに続いてこの上司が、ゲイルにだって欠点はあるじゃないかと述べたら、彼は**「オマエモナー」**の虚偽(p.82)を犯していることになる。

123 復帰の虚偽
Fallacy of reversion

「道を補修しても意味ないよ！　どうせ来年の冬にはまたボロボロになって、補修を繰り返すことになるんだから」

これもまた正当化の一種だ。どうせ元に戻るから何かをやっても無駄だという議論が展開される。もちろんこの虚偽は、現状をなんとかしないともっとひどいことになるというのを無視している。

124 時間の虚偽
Fallacy of time

「確かにメアリーは傷ついたかもしれない。でも心配するな。立ち直るよ。時間がたてばどんな傷も癒《い》える」

「ゴミの回収を減らしたから地方部の住民がいらだってるって？　そのうち慣れるよ。時間はすべてを解決してくれる」

ここで困るのは、こうした発言が完全に嘘というわけではないということだ。時間は確かに、悲嘆をなだめてくれる。それでも、それに任せっきりで何もしないことを正当化するのは無責任だ。

125 より大きな悪の虚偽／ポリアンナ的解決

Fallacy of the worse evil (appeal to Pollyanna)

「足を骨折したのはアレだけど、元気出しなさいよ！　目が見えなくなるよりましじゃない」

「事故で車が廃車になったって？　怪我しなかっただけありがたく思えよ」

「クビになったって？　まあ奥さんが働いてるだけいいでしょうに」

こうした物言いは、起こらなかったことをあれこれ考えることで現状を軽く見るようにすすめている点で欺瞞《ぎまん》的ではある。

ポリアンナというのは、エレノア・ポーターの小説「少女ポリアンナ」の主人公だ。ポリアンナはとんでもなく——笑ってしまうほど——楽観的でおめでたい人物で、どんな惨事を見ても、何かしらいい点を見つけてしまうのだ。

126 決意の虚偽

Fallacy of determination

その気があればの虚偽。

「本気で減量したいなら、なんとかして手を見つけたはずだ」

「言い訳するな。本気で時間通りにくる気があったら、そうしてたはずだ」

「意、自ずと通ず」

この虚偽は、なんでも可能だと主張している。起きてほしいことが起こらないのは、あなたがそれを十分強く願わなかったからだ、ということになる。要するに、おまえの努力が足りないというわけだ。それだけ腹をくくってなかったのが悪い。この手の虚偽は、やる気さえあればできないことはない、と主張する。

127 理想主義の虚偽
Fallacy of idealism

「正しく振る舞えば世の中はずっとよくなるんですよ」

「アル中をどうするとか考える前に、何がアル中をもたらすかを考えましょう。アル中になる原因を根絶やしにすれば、アル中問題も解決されます。これこそ真の問題解決です」

この種の薄っぺらい方便は、経験が乏しい、浮き世離れした人々が持ち出すものだ。善意の発言ではあっても、絶望的に非現実的なものでしかない。

複雑な問題に対する、もっと意味あるアプローチとしては、議会改革の問題についてヘンリー・ピーター・ブローハムが提案したものがある。これはジェレミー・ベンサムによって『政治的虚偽ハンドブック』に引用されている。

「下院を見るに（中略）私のねらいは、その主要な問題を見つけて、それらにひとつひとつ対処することです。大がかりな機構改革、大プロジェクト、計画などという名前のそぶりすら提案することなく、むしろ穏やかかつ静かに（中略）ひとつか２つ、別々の法案を提案することです」

128 黙契《もっけい》の虚偽

argumentum ad quietem // Fallacy of tacit agreement

暗黙の合意の虚偽、または無言は賛成と見なす虚偽である。

「誰も文句を言っていないから、みんな賛成なんだな」

反対意見が出ないからといって、反対意見がないわけでもないし、みんな満足しているとも限らない。公開の会議では、発言を控える理由はいろいろある。引っこみ思案だとか、変に思われたくないとか、他の出席者に気おくれしているとか、偉い人がいるので勇気が出ないとか。あるいは以前に発言しても効果がなかったのであきらめているかもしれない。

それまでの議論に圧倒されていて、どう反論していいかわからないのかもしれない。自分の信念について十分な裏づけがないのかもしれない。そして単に目立ちたくないのかもしれない。

129 にせのジレンマ
False dilemma

にせのジレンマ。多くのジレンマは、単に単純化しすぎているだけだ。両極端が、それしか選択肢がないかのように提示されるけれど、実際にはその両極端の間にいくつか選べる道がある。ジレンマの公式はこんなものだ。

Xが成り立てばYが起こる。
Aが成り立てばBが起こる。
選択肢はXかAかしかない。
したがってYかBのどっちかが起こる。

「生徒が正直ならば道義についての規則はいらない。
生徒が不正直ならば、道義についての規則は守られない。
生徒は正直か不正直かだ。
したがって、道義則は不要か、あっても守られないかだ。
したがって、道義則なんか導入しても無駄だ」

この手のジレンマに反論するには3つ方法がある。どれでも効く場合もあるし、2つだけ、あるいは1つしか効かないときもある。

まずは、角《つの》の間をねらうことだ。「どちらかしかない」という発言のアレかコレかは、ジレンマの選択肢、つまりは角だ。そのどっちかしかないというまとめがまちがっていることを示せばいい。他にも選択肢はあるよ、と示すことだ。

上記のジレンマでは、生徒は正直か不正直かで白黒に分けられるのではなく、正直・不正直にも程度があるのだ、と示せばいい。「だからXかAかのどっちかを選ぶ必要はありません」というわけだ。

2番目の方法は、角の片方をつかむこと。命題のひとつをつかまえて、それが真でないことを示せばいい。

「生徒が正直なら、道義則は作るべきです。そうすれば正直な生徒が不正直な生徒に対して望ましい影響を与えるよう奨励することになりますから」

あるいは、

「その主張は正確ではありません。生徒がみんな同じであるような議論はできないはずです。正直な生徒もいれば不正直な生徒もいる。道義則を作ることで、今正直な生徒が今後も正直であり続けるようにできます」

3番目の方法としては、対抗ジレンマを提示すればいい。主張されているジレンマの中身を使って、まったくちがう結論が出せることを示せばいい。

Xが成り立てばBは起こらない。
Aが成り立てばYは起こらない。
選択肢はXかAかしかない。
したがってYもBも、どっちも起こらない。

「生徒が正直ならば道義についての規則は功を奏する。
生徒が不正直ならば、道義則は必要だ。
生徒は正直か不正直かだ。
したがって、道義則は功を奏するか、必要かだ。
したがって、道義則は導入すべきだ」

対抗ジレンマは、もとのジレンマが有効でないことを証明するものじゃない。単に、別の見方もできるよと示すだけのものだ。

第11章
まちがった比較や対比

「イギリスでは警官は
銃を所持しない。
だからアメリカでも警官は
銃を持つべきでない」

「じゃあ、
イギリスでも
紅茶じゃなくて
コーヒーを
飲んだら?」

比較や対比の手法は、表現の助けになる。話に生気と豊かさが加わるし、抽象的な考えを具体的に見せたり、複雑な考えを明確にもできる。

たとえば幾何学を学ぶ生徒は、こんな定義を述べられてもピンとこないだろう。

「二面角とは、2つの交差する半平面とその共通の縁で構成される点の集合である」

でも部屋で交差する壁を描き、二面角というのがその接合部分にできる角なんだというのを認識すれば、定義はずっとわかりやすくなる。

同じように、詩人ジョン・ダンが恋人たちを製図コンパスの両足にたとえたとき、それは複雑な考えを詩のごく短い文に凝縮することを可能にしてくれる。

コンパスの足は、物理的には分かれているけれど、常に共通の支点でつながっている。これと同じように、恋人たちは完全には分かたれることはない。物理的には分かれていても、魂や心、つまりは愛で結ばれている。何キロも離れていても、お互いの気持ちが、距離には左右されない心の結びつきを作り出す。

ダンの比較は**アナロジー（類比）**だ。ちがった2つのものを取り上げて、両者の共通性を示して比較している。アナロジーは、複雑な考えを伝える手法であり、まったく正当な表現技法だ。

アナロジーを使って考えを伝えるのはいいことだが、アナロジーを使って議論したり、アナロジーを使って推測をしたり判断を下したりするとなると、これは話が別だ。

アナロジーは何かを描写するだけで、類似性を証明するものじゃない。さらに、類似性を示すだけであって、同じものだと証明するものではない。

130 アナロジーの悪用
Abuse of analogy

類似性を証明しようとしたり、ただ類似性を示しただけで同一性を証明しようとするとき、アナロジーは乱用されている。

以下は、アナロジーの不適切な利用の例だ。

（1）アナロジーはXとYを比較する

Xにa、b、c、d、e、fという性質があり、Yにa、b、c、d、eという性質があるなら、比較できるだけの類似性があるといっていいだろう。

でもときには、類似性が不十分なこともある。Xにa、b、c、d、e、fという性質があり、Yにb、d、eという性質しかないなら、多少似ていても、XとYが似ていると論じるほどではない。

（訳注：アナロジーが適切かどうかは結局のところ、なんのために使うか、という点にしかない。前述の恋人とコンパスのアナロジーでも、似ているところは実際にはほとんどない。なくても、両者は作者が論じたいポイントにおいては似ているので、アナロジーとして成り立つ。だから似ている点の数を数えてアナロジーの適不適を論じるのは適切ではない）

大学の入学審査官は、リンダ・スタンディッシュを入学させるべきか議論している。1人がこう言う。

「きみには彼女を落とす権利はないね。だってエリザベス・ドーンだって合格させたじゃないか。スタンディッシュもドーンも優等生で、女性で体育も優秀だ。ドーンが合格なら、スタンディッシュだって合格にするしかないだろう」

さて、リンダ・スタンディッシュとエリザベス・ドーンが合格候補として同格だという結論を導けるほどの類似性は、どう考えても見あたらない。女性の優等生で体育も優秀というだけなら、同じ性質を持つ学生はいくらでもいるだろう。

(2) 大幅な相違点が見すごされる場合には、アナロジーは乱用されている

さっきのアナロジーを続けよう。入学審査官がこう言う。

「きみには彼女を落とす権利はないね。だってエリザベス・ドーンだって合格させたじゃないか。スタンディッシュもドーンも優等生で、女性で体育も優秀だ。どっちも大学入試資格試験は700点台。田舎の出身で音楽の才能も高い。1人は全国誌に詩が掲載されているし、1人は州の科学競技会で1等だ。どっちも課外活動でリーダーとなっている」

さてここまでくると、2人の類似性はなかなか説得力がある。この入学審査官の主張は確かに強力だ。でも、このリンダ・スタンデ

ィッシュが過去2年間で3回にわたりカンニングで捕まっていることを無視している場合、このアナロジーは崩れる。2人の間の大きな相違点を無視していることになるからだ。

(3) アナロジーは、ひとつの類似点がまったくちがうものを同一視するのに利用される場合、乱用されていると言える

「あんまり厳しく言うなよ。あいつだって、善意からやったことなんだし」
「ヒトラーだって善意で行動してたのは同じだ!」

こうしたアナロジーは不公平だというだけじゃない。わら人形(p.121)を作り出し、本題をゆがめることにもなる。

(4) アナロジーは、片方の要素を使って、もう片方の持つ要素が類推される場合は乱用されている

「Xにa、b、c、d、e、fという性質があり、Yにa、b、c、d、eという性質があるなら、Yにはfという性質もある」という議論だ。この種の発想は、2人の人物を比較しているときには特に悪質だ。

「政治家のXは、ニクソンと似た性質をいくつか持っている。したがってXはニクソンの再来でしかない。だから信用するな」

という具合。

アナロジーを評価するときには、以下の質問をよく考えよう。

① XとYの性質はすべて挙がっているか?

② そのうち似ているのはどれくらい?

③ 類似性のうち関係あるのはどれか?

④ こうした類似性のうち、実際には言われているほど似ていないものはどのくらい?

⑤ XとYはどのくらいちがっている?

アナロジーに反論するには、似ていない部分をできるだけ見つけよう。多くの類似性が、実は大したことはなかったり、関係なかったり、単なる偶然でしかなかったりするのを示してみよう。そして似ていない部分のほうが、似ている部分をかき消すくらい重要であることを示そう。

これまでの章でも、不適切な比較の例はいろいろ示してきた。たとえば**たとえ(メタファー、隠喩)**だ。メタファーは濃縮した、あるいは示唆されたアナロジーだ。

「あの野郎、肝心なところでとぼけやがって、とんだタヌキだ」

と言ったら、タヌキとその人物との間には、暗黙のアナロジーがある。メタファーの危険は、それが単なる推測を、事実であるかのように提示してしまうことだ。

「私はあの人物の行動をずるい厚顔なものだと解釈した。よって彼はずるい厚顔な人物である」という具合に。

131 統計の誤用
Misuse of statistics

統計の利用が不適切な比較につながることがある。まちがった、あるいは誤解を招く比率だ。

「いまの政権下で税金はほぼ2倍になった」

でもその現政権は16年続いていて、その間に他の地域では税金は3倍になっているかもしれない。前政権のいちばん良いところと、現政権の悪いところだけを比較するのは、状況の真相をゆがめることになる。

132 無意味な対比
Irrelevant contrast

ときには、そもそも有効とは言えない比較や対比も出てくる。ある都市の状況を、30年前の記憶と比べる人がいる。こういう比較はそもそも不公平だ。過去30年で時代はあまりに変わったから、両者を比べても無意味だ。

母親が17歳の息子をこう言ってしかる。

「私に口答えするなんて！ ほんの5年前のおまえは、私に逆らおうなんて思いもしなかったのに」

そりゃそうかもしれないけれど、でもこの議論は関係ないし公平

でもない。17歳の行動基準と12歳の行動基準はちがって当然だ。この母親は、息子だって年をとったんだから、5年前と同じ行動規則に従うはずがない、ということを無視している。これは関係ない対比の虚偽だ。そしてこの対比から、息子がいい子から悪い子になったと結論づけるなら、彼女は無意味な対比の虚偽を犯していることになる。

133 無効な対比
Invalid contrast

無効な対比は、まったくちがったものを比べようとしたり、不適切な尺度を使ったりする。

「労働組合が大企業相手に太刀打ちできるというのはひたすらナンセンスだよ。ゼネラルモーターズやゼロックスやガルフ＆ウェスタンの1社だけでも、組合全部をあわせたよりお金を持ってるんだから」

これは事実かもしれないけれど、でもこの対比は無意味だ。労働組合の最大の力は、交渉能力と組合員数からくるのであって、持っているお金からくるのではないからだ。

無効な対比にはこんな種類もある。

「若者の発想が新鮮でエキサイティングだとすれば、老人の発想は古くさくてつまらない」

この文の発想はこんな感じだ。

「もしXがYと結びついているなら、Xの反対のものは、Yの反対のものと結びついているはずだ」

この種の単純化しすぎは、もちろんナンセンスだ。Yと結びついているのがXしかないと想定し、だからXでないものはYでもないと結論づけてしまっている。もうひとつバリエーションを。

「月に人を送り出せるんなら、なんでインフレは止められないんだ?」

「中性子爆弾を開発できるのに、なぜがんの治療法は開発できないんだ?」

というもの。あることができるからといって、他のことがなんでもできることにはならない。これは合成の虚偽の一種だ。何か大きな成果をひとつ達成できるなら、その他の大きな成果も実現できるはずだと想定してしまう。

この虚偽はまた別の虚偽を暗黙のうちに想定している。インフレが止まらないのは、月に人を送り出すのにかまけていたせいだ、とこの発言はにおわせる。中性子爆弾の開発にばかり力を注いでいたので、がんの治療法の開発がお留守になっていたのだ、と述べている。

つまり、科学はがんの治療よりも爆弾の開発のほうに関心があるのだ、と言うわけだ。そして、もし科学者たちが中性子爆弾の開発と同じくらいの熱意をもってがん治療に取り組んだら、がんの治療法は見つかっていたかもしれない、とさえほのめかしている。さらにバリエーションを。

「警察の権限強化に反対だって？　きみは法や秩序を否定するのかね？」

「大統領が独断で宣戦布告すべきでない、だって？　きみは無政府主義者かなんかかね？」

この種の不公平な対比は、わら人形を作り出して、それを使って人を悪く見せようとする、悪質な歪曲だ。たとえば、こんな新聞記事（抜粋）。

「蚊の駆除における化学殺虫剤の使用は極めて異論が多い。そうした毒物は蚊を極めて効率よく殺すが、蚊の天敵をそれ以上に効率よく殺してしまう。
薬物による抹殺を生き残るのは極めて強力で耐性のある蚊であり、そうした生き残りはその後の蚊の世代を遺伝的にさらに強力なものとし、しかも彼らが繁殖する環境にはすでに天敵がいなくなっているのだ。さらに、こうした殺虫剤は魚や自然に害を与え、ときには人々の資産を害し、人間の健康にすら脅威をもたらす……マサチューセッツ州埋め立て委員会による多量の殺虫剤使用に反対するグループが登場したとき、埋め立て委員会の議長はこう述べた。

『あそこには、蚊の駆除に反対する組織があるんですよ。でも彼らは納税者の代表じゃない。別に彼らが税金を払ってないってことじゃない……要は、蚊の駆除プロジェクトを破壊しようとしてるんです』」

もちろんこれはナンセンスだ。ナンセンスなだけでなく、悪質な歪曲でもある! このグループは蚊の駆除に反対しているのではない。化学殺虫剤の危険で無差別な利用に反対しているだけだ。この議長のような人々の発想はこんな感じだ。

「もしこれをやるのにオレのやり方でやらないなら、そもそもこれをやりたくないのだ。つまりこれに反対しているわけだ」

単純化としては見事だが、論理としては最低だ。

134 一貫性の虚偽
Fallacies of consistency

本章最後の虚偽は、一貫性の虚偽だ。一貫性の乱用には、2種類の形がある。まず、一貫性を保つ必要がないのだと主張することだ。

エドワーズ氏がコルブ氏に言う。
「ちょっと待った。主張が変わりましたね。ついさっきは、市長の行動が嘆かわしいと言ってたじゃないですか。それが今は、市長の行動が実はそんなに悪くないという。どっちにするのか腹を決めて、もっと一貫性のある発言をしてくださいよ!」

これに対してコルブ氏が答える。
「一貫性がどうした! 一貫性なんてのは小心者の逃げ口上でしかない!」

このコルブ氏流の発言は、昔から頭の悪い人が多用してきたものだ。数分おきに意見が変わるような人は、もともと大してものを考えていないのだ、ということは覚えておこう。

2番目の虚偽は、まちがったところで一貫性を要求することだ。一貫性を要求するのがばかげている場合もある。状況が変われば、人の立場だってそれに応じて変わらざるをえないからだ。

まとめ

比較や対比の利用は、それ自体は何もいけないことではない。危険なのは、その比較や対比それ自体が目的化してしまい、類似性ではなく同一性を示唆してみたり、類似性と称するものが実はあまり似ていなかったり、その比較や対比が単に感情に訴えるためのもので、理性の働きを止めるように使われたりする場合だ。

死刑に反対する人物が、**「サッコとヴァンゼッティ事件(1920年に起こった有名な冤罪事件)を忘れるな!」**と叫ぶ。

イスラエルに軍事支援を送るという政府方針に反対する人物が**「ベトナムの二の舞だよ」**と述べる。

近くのスーパーで強盗を働くスラムの子どもたちがこんな弁明をする。**「ロビン・フッドと同じだよ——金持ちから取って、おれたち貧乏人に分け与えるんだ!」**

「イギリスでは警官は銃を所持しない。だからアメリカでも警官は銃を持つべきでない。イギリスでできるんだから、ここでもできるはずだ」

「この香水は彼の気持ちをとらえて離さないわよ」とアリス。それを聞いたルームメイトいわく、**「スカンクもそうよね」**。

ヘロインを買うのに金を貸してくれと友人に頼んで断られた人物いわく、**「おまえもしょせんはブルータスみたいなやつだ」**

こうした発言は、すべてナンセンスだ。

第12章
はぐらかし

妻
「あなた、全然私の目をみて
話さなくなったわね」

夫
「サン・テグジュペリが言ってる。
「愛する――
それはお互いに
見つめ合うことではなく、
一緒に同じ方向を
見つめることだ」と」

はぐらかしはよく使われる手口だ。何かの問題や糾弾をかわしたり、厳密な思考や分析を避けたり、無頓着さや軽薄さをごまかしたり、ある特定の立場や信念や態度にコミットするのを避けるためにはぐらかしはよく行われる。

これまでの章で述べてきたテクニックのいくつかは、はぐらかしにも使える。脱線の手口も使えるし、あいまいな答えをしてもいいし、質問にはっきり答えずにまわりをぐるぐる回ることもできる。

135 半分だけの真実
The half-truth

よくある手口が「半分だけの真実」だ。このテクニックは、ほのめかしのところでも、選択の虚偽として出てきた。質問のことばを杓子定規にとらえ、それが本当に意図していることを避けるやり方だ。

「宿題が終わってるなら、片づけを手伝えるわよね」と母親が息子に言う。息子は**「まだ終わってないよ」**と答える。実は、計算問題があとひとつで終わるところだ。でも、厳密に言えばこの息子の答えは嘘ではない。単に、真実すべてを述べていないだけだ。さらに、その計算問題を終えても、自分の部屋にこもったままでお母さんを手伝おうとしない。

「だって、別に終わった後で手伝えなんて言わなかったもん」と自分に弁解してみせる。

「お母さんが言ったのは、あのとき宿題を終えていたら、手伝

うことはできるかという質問でしかないもん」

実際には、そのお母さんの質問は手伝ってくれという依頼をああいう形で述べていたわけだ。でも**文字通り**にとれば、それは手伝うことが可能かどうか尋ねているだけだ。息子は、母親のことばの実質を無視することで、やりたくない手伝いを回避したわけだ。

136 質問にあいまいに答える
Answering a question ambiguously

あいまいな答えで立場をはっきりさせずにすませられる。**「ポーラ・サルターは正直だと思う?」**と聞かれたときの答えを見よう。

回答1 **「彼女が不正直だという話は聞いたことはないよ」**

質問に対し、その反対の質問に答えることで応答している。

回答2 **「"私は"彼女が不正直だという話は聞いたことがない」**
または、
「彼女が不正直だという話は"聞いた"ことがない」

どこを強調するかという技法で、疑念を伝えつつもその疑念をはっきり口にしないですませている。

回答3**「うん、それはむずかしい質問だな。正直というのをどう定義するかによるよ」**

重箱の隅つつきのような答えで、実際の質問をはぐらかしつつ、ここでもやはりある種の疑念を、実際には口にせずに表現している。

回答4**「彼女は常に良心的で、会社に対する忠誠心は一点の疑問もありません」**

これは単に回答を避けている。

回答5**「**(弱々しく笑って)**そうねえ、私なら彼女とポーカーはやらないな。あれは実に手強いポーカーをする子だから」**

ここでは、ポーカーで彼女が手段を選ばないことが、他の分野でも似たような振る舞いをするとにおわせるのに使われているけれど、でもそれがユーモアのふりをして述べられている。

これらの回答すべてで、何もポーラ・サルターを悪く言ったり、判断を下すようなことは述べられていない。でも重要なのは、そこで何が言われていないかだ。実際のところ、明確に「はい正直です」という回答以外はすべて、ポーラ・サルターの正直さについて多少なりとも疑念を表明していることになる。

137 回答をごまかす
Camouflaging an answer

ある質問をはぐらかすには、回答をごまかせばいい。友人が具体的な質問として「こないだのぼくの詩は気に入った?」と尋ねたとする。

「気に入らなかった」と言ったら相手の気持ちが傷つくのでイヤだ。でも同時に、「気に入った」と答えるのも良心が許さない。

そもそもその詩が理解できなかったり、あまりきちんと読んでいなかったりすることもあるだろうし、本気で気に入らなかった場合もある。というわけで、以下のような形で答えることになる。

「うん、なかなかおもしろかったよ」
「第3部で使っていた音の効果は実によかったよ」
「エリオットの『荒れ地』を思わせたね」
「なかなか感心させられた」

それはどういう意味だと相手が追求しなければ、その場はしのげたことになる。上の答えはどれも「気に入った」とは言っていないけれど、でも「気に入った」というような印象を示唆する。

はぐらかすときにありがちなせりふをもっと見てみよう。

138 引き延ばし
Procrastination

「もう少し様子を見よう」

ジェレミー・ベンサムは、『政治的虚偽ハンドブック』でこれを優柔不断の議論と呼んでいる。「もう少し待とう、まだ期が満ちていない」。ベンサムの説明はなかなか雄弁だ。

> 「この種の議論は、実際にはその話題に対して反対なのだが、反対していると見られるのを恐れたり恥じたりしている人物が極めてよく用いる。その話題に賛成するようなふりさえ見せる。でも唯一の問題点は、それを実施すべき適切な時期なのだ、と彼らは言う。しかし実際には、彼らはそれが永遠に実施されないことを願っているのだ」

139 “一歩一歩進もう”
One step at a time

「あわてず一歩ずつやろう。急《せ》いては事をし損じる」

このコメントは結構ではあるが、いますぐはっきりした対応が必要な、深刻な状況に直面しているときは話は別だ。

140 「もし」が多すぎる
Too many ifs

「この議論には仮定が多すぎる。危険を冒さないほうがいい」

もちろんこれ自体特に問題はないけれど、でもよく考える必要がある。何もしなければどんな結果がもたらされるだろう? いったい仮定は何で、それはどれほど深刻なのか?

068 ドミノ理論(再登場)
Domino theory

「AをやったらBが起こり、Bが起きたらCとなる。Cが起きたらDも起きる……」

昔ながらの風が吹けば桶屋が儲かる論法がここでも顔を出す。こういう展開の予想は、正確でない場合もある。風が吹けば桶屋が儲かる論法はしばしば未来を予測しようとするできの悪い試みだったりするので、眉にツバをつけて読むべきだ。

141 相手の発言を言い換える
Changing the words

ときには、ある糾弾をかわそうとして、その糾弾を言い換えてみせることがある。サムがピートに「おまえ、ベン・シルバーをクビにするなんてひどいじゃないか」と言う。するとピートは答える。

「クビになんかしてないよ。単に、新しい道に進むほうが彼にとってもいいと示唆して、契約を更新しなかっただけだよ」

ピートが忘れているかあえて目をそむけているのは、バラは名前を変えてもバラだし、糾弾は言い換えても糾弾だということだ。呼び方を変えても行動が変わるわけじゃないのだ。

142 伝統と前例を持ち出す
Arguments of tradition and precedent

さらに伝統や前例を持ち出す論証がある。

「これが昔ながらのやり方だ。今になってなぜ変える?」

「今までずっとこれでうまくいった。下手にいじらないほうがいい」

過去によかったことが、現在もよいとは限らない。時間がたてば状況も変わるからだ。過去を盲信するのはこの変化を無視している。「そんなことはこれまでやったことがない。今になって始めることもないだろう」。でも提案されている方法のほうがよいかもしれない。ジェレミー・ベンサムはこの点について強い議論を述べている。

「前例がないというのが提案されたものに対する決定的な反論になるのなら、これまで提案された新しい手法すべてにそれが当てはまる。これまで採用されてきたものすべて、現存するあらゆる制度にも言えるはずだ。
もしこの前例議論でこうしたものが行われるべきでなかったと証明できるのであれば、あらゆるものが実行されるべきでないことを証明してしまうことになる」

だからといって、前例を無視しろってことじゃない。でもきちんと検討して、それが現在の状況と関係あるかどうかをよく考えるべきだということにはなる。

伝統や前例を無批判に盲信する人もいる一方で、伝統や前例を盲目的にひたすら否定する人もいる。「もういい加減このやり方にばかり頼りすぎてきた。そろそろ変える時期だ」。これは、ダメにする変化の議論だ。変化は改善を意味しない。新しいものがいいとは限らない。

伝統や前例を無批判に受け入れたり否定したりするのは、一種の単純化のしすぎであり、例外なしに軽薄で粗雑な思考の表れだ。

143 質問のすりかえ
Rephrasing the question

最後に、質問に答えるときにその質問をまずさりげなく、あるいははっきりと言い換えてから、その言い換え版に答えるというやり方がある。

質問「高校の学外交流体育プログラムの一環として女子アメフトを採用すべきか?」

ヘイル氏**「まあアメフトに興味を示している子は6人しかいませんから。でもサラはアメフトには体力がなさすぎるし、ルイーズはバイトがあるから時間がないでしょう。エドナは優れたサッカー選手だ——だからサッカーに専念すればいい。キャロラインは、本気で興味があるようではない。まわりに流されてるだけみたいですな……」**

ヘイル氏は質問に答えていない。そもそも質問は、原則や方針をどうすべきかということだ。ヘイル氏はここで、質問を言い換えて「アメフトに関心を示した子にアメフトをやらせるのは現実的か」というものにしてしまっている。

アイヴァース氏**「でもうちの学校には女子アメフトの設備がありませんから」**

これまた関係ない答えだ。学校としてはまず方針として女子アメフトを認めるか決めるべきだ。付随する問題をあれこれ言うのはその後だ。

ジャックス氏**「いったい何を騒いでるのかわかりませんね。関心を持ってるのは６人だけなんだし、なだめるのは簡単でしょう」**

その通りではあるが、でもここでの論点とはちがう。議論の発端となったのはこの６人でも、問題はその６人に限ったものじゃない。ここでは原則の話をしている。ここでの決定は、この学校の体育教育に長期的な影響を持つものだ。

カーンさん**「それよりまず、クロスカントリー競技のプログラムを始めるべきでしょう。クロスカントリーはすばらしいスポーツですよ。安上がりだし、安全だし、たっぷり運動もできます」**

カーンさんのコメントはいまの議論とは無関係。クロスカントリー競技は全然別の話だ。さらに、同校が女子アメフトを認めたら、クロスカントリーは認めませんというような話は出ただろうか？ どっちかしかできないなどという議論は出ただろうか？

質問「アメリカ政府は、シカゴ市が破産せずにすむように補助金を支給すべきか?」

パリー氏「まあもちろん、ここで救済するとイリノイ州の有権者には相当に感謝されますな。一方でインディアナ州の票は失うでしょう。というのもインディアナ大学の研究補助金を却下してますので、インディアナ州はそれが不公平だと思うでしょうから。とはいえ一方でシカゴが破産すれば……」

パリー氏は状況のいい点と悪い点を並べたてることで、質問をはぐらかしている。二股をかけてどっちにもコミットしないようにしている。

クイント女史「連邦政府は市と直接交渉すべきではありません。それは州の仕事だと思えるのですが……それにいつも、連邦政府は州の仕事に干渉しすぎだと言われますし」

クイント女史は、前の例でのヘイル氏の逆をやっている。個別の状況に関する質問に答えるのに、一般論を持ち出してきている。**個別性の虚偽** (p.186)を犯しているわけだ。

「支援金を出すべきでない」とはっきり言うかわりに、質問をゆがめて「アメリカ政府は一般的な方針として市に財政支援すべきか」というものにしてしまっている。

ロルフ氏**「うん、こういう言い方をしましょうか。シカゴがこんな状況になったのは、不注意と管理の不十分さのせいであり、それが二度と起こらないという証拠はありませんから」**

これまたはぐらかしだ。質問に答えずに、質問を言い換えて「なぜこれが起きたのか、そしてそれが再び起こる可能性はあるか」に変えてしまっている。

サンダース女史**「こういう言い方をしましょうか。シカゴを助けなかったらどうなってしまうでしょう?」**

これはレトリック上の質問でしかないのか、それとも深遠なふりをした無知でしかないのか、それとも質問返しなのか?

まとめ

率直に対応すること、ある状況に直接的に堂々と答えることはむずかしくはない。

でもそのためには、話の中身を理解する必要があるし、それについてちゃんと考え、思いつきで反応しない必要があるし、立場を明確にしてコミットする必要もあるし、自分の嗜好や偏見を切り離して、他人の主張を聞き、そして質問の字面だけでなく、その本意を重視する必要がある。

第13章

〈番外編〉何のための議論か、を考えよう

よりよい社員食堂のための議論

「うちの社員食堂は
値段のわりにまずい」

「いや、味のわりに高い」

「社員食堂のわりに
店員さんがかわいい」

「店員さんのわりに値段が安い」

「こないだあの子とデートしたよ」

「ええっ!」

論争が常にまじめな検討のために行われると考えるのはおめでたすぎるだろう。もちろん、そうする人もいる。でも論争には、他の動機もいろいろある。だから論争になって、最初に考えるべきなのは**「なぜ自分は論争しているんだろう?」**ということだ。

そして同時に、論争相手の動機も見極めようとすべきだ。

人々が論争する理由には、以下のようなものがある。

(1) 関心を引くため

(2) 知識などをひけらかして自慢したいから

(3) 自分の弱みや不満の埋め合わせとして

(4) 相手より優れているという気持ちを抱きたいから

(5) 自分の考えや発想を相手に押しつけたいから

(6) 不満や緊張や怒りのはけ口として

これらの6つの理由は、重なる部分もあるし網羅的でもないけれど、個人的な理由だ。こうした動機のどれかによって論争している人は、**真実を求めてはいない**し、納得のいく行動の方向を見極める気もなく、議論されている問題について、解決を見いだそうというつもりさえないかもしれない。

むしろ、論争という行為自体が重要であり、その結論はどうでもいい。この手の議論はだいたい荒れるし、拡散するし、関係ない部分だらけで、しばしばやたらと感情的になる。でっちあげや過剰反応、混乱も相当なものになる。第3章で挙げた、13種類のほのめかしもしばしば登場する。

だがこうしたプロらしくない手口は当然だろう。というのも、そうした論争は本当の意味の論争じゃないからだ。重要なのは論争の結論ではなく、参加者の人格だ。

こうした論争でちゃんと納得のいく結論や解決策が出ることはほとんどない。終わるときには単に終わる。**こうした討議は、「お芝居」の一種でしかない**。ときには、かなり攻撃的なお芝居になる。

あなたは、この議論にどういう形で決着してほしいだろうか？

- 相手を怒らせたい？
- 相手が席を立つくらい怒らせたい？
- けんかがしたい？
- 相手がカッとなって、手が出るくらいになってほしいのか？
- 単にからかいたいだけ？
- 恥をかかせたいだけ？
- 自信喪失させたいだけ？
- びびらせたいだけ？
- 相手よりもこっちが上だと見せつけたい？
- 自分の機転や弁舌やトンチや悪者ぶりや大胆さや高圧ぶりを相手に（または聴衆に）印象づけたい？　単にむしゃくしゃしていて、この議論をはけ口にしたいだけ？
- 誰かにやりこめられたので、その不満を誰か他の人をやりこめることで解消したいのか？

とどのつまり、あなたはほんとうにこの議論の話題に関心があるんだろうか?

論争に参加するときには、こうした点をよく考えてみよう。これらはすべて集約できる。この論争にどういう形で決着してほしいだろうか? そしてこの論争から自分は何を得たいのか?

多くの論争は、単に興味本位のものだ。論争の結論がどうなろうと、その結論が問題に何か影響を与えたりはしない。

大統領の反インフレ法案を議会が承認すべきかとか、政府がどこか外国の行動を支持すべきだったかとか、人々があれこれ論争してみても、それで何か変わるわけじゃない。論争の最終的な結論が出たとしても、それは議会や政府に対して何の影響も与えない。

でもほんとうの論争はどうだろう。

具体的な結果が出るようなもの、参加者たちが問題を本気で解決しようとする議論、納得いく結論を確保したいと思っている議論、問題の答えを出したいと思っているような論争、つまりは主要な関心が、論争の結果とそこから出てくる行動であって、**参加者の人格ではない**ような論争は? これまで挙げてきたような感情的なほのめかしは避けられる。参加者たちが、建設的で生産的な形で議論を進めるにはどうしたらいいだろう? まずは典型的な議論の形を見てみよう。

「こちらはＡ派で、そちらはＢ派です。まずはこの議論の性質をはっきりさせましょう。そもそも議論の対象となっているのは何でしょうか？　いったい意見が一致していないのはどういう部分なのでしょうか？　どんな解決策をわれわれは求めているのでしょうか？

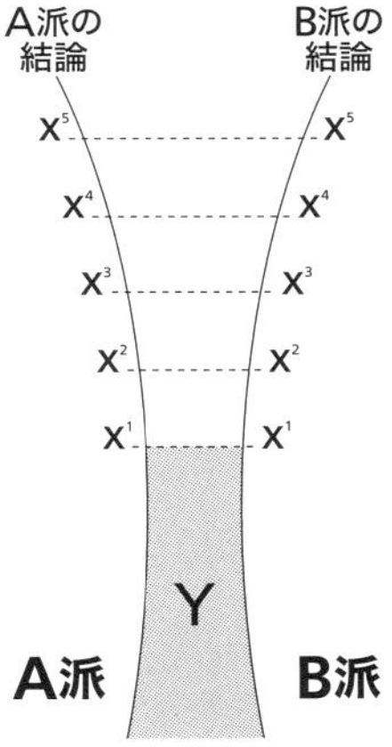

次に、共通の足場を確認しましょう。どこまで意見は一致しているのでしょうか。図のＹの部分が共通の足場となります。あらゆる意見の対立では、何かしら両者の合意している部分があります。意見の不一致部分を論争する前に、どこまで一致しているかについて、具体的かつ十分に見極めておきましょう。

第３に、意見がどこで一致していないのかをきちんと見極めましょう。合意はどこで終わるのか？　意見はどこで対立し始めるのか？　これが図の線X^1です。いちばんむずかしいのはこの部分かもしれませんが、意見の不一致の源を見極めるためには重要なことです。

議論を続けるにしたがって、不一致のもとをひとつひとつ独立に見極めて解決していきましょう。X^1が片づくまでX^2の話はしないようにしましょう。

さらに、結論に至るステップをそれぞれ見極め、議論して解決するまでは、結論については議論しないことにしましょう」

論争の目的は、A派の結論とB派の結論との間の距離をできるだけなくすことだ。この距離は「**妥協**」を通じて埋められる。双方が、あちこちでちょっとずつ譲歩するわけだ。

また「**説得**」でも埋められる。片方が、相手の議論に説得されるという場合だ。説得の場合でも、双方がギブアンドテイクで歩み寄る場合もある。もちろんときにはどちらも譲らず、両者の結論の距離が縮まらない。そうなったら膠着《こうちゃく》状態だから、それ以上そこで両者ががんばったところで無駄になる。

議論が決裂するのは、お互いが自分の論じている対象をきちんと認識していないせいであることが多い。お互いにちがう話をしていたり、ちがう動機に反応していたりする。相手の採用していない前提を勝手に作っていたりすることもある。片方は、十分にはっきりと論点を述べていなかったりする。参加者が混乱していて、目下の議論の種が見失われていたりもする。

自分の本当の動機がはっきり認識されていないこともある。たとえば、飲酒反対運動を批判する人物は、自分の真の動機が個人的な、利己的ですらあるものだ、というのを認識していない場合がある。その人自身が酒飲みなので、飲酒批判をすべて自分の振る舞いに対する批判だと無意識に受け取ってしまう場合だ。そうなると、真の問題は原則としての飲酒じゃない。彼自身の飲酒癖であって、それは彼が自分に対し正当化できればよいのであって、他人を説得する必要はない。

誤解を防ぐには、参加者は以下の質問への答えを明確にしておくべきだ。

A そもそも、問題となっているのは何だろう?

B ここで議論されている議題は何なの?

C どんな解決策をわれわれは求めているのだろう?
お互いが満足するにはどうしたらいい?

D 事実関係はどうなっている?

E どこまで意見は一致しているのだろう?

① 事実関係は合意できているか? すべての事実について? どこまで?

② 事実の解釈についても合意できているか?

③ 事実に対する態度の面でも合意できているか?

F 意見が一致していないのはどの程度?

① どの事実について意見が一致していないのか?

② その意見の不一致は、見解の相違からきているのか?

③ 事実と意見や憶測や予測とを混同していないだろうか?

そして、お互いに納得できる結論や解決をほんとうに求めているのであれば、他にも注意しておく点がある。

G **論者たちのバランスを保つようにしよう。**論者たちに、常に対等であると感じられるようにすべきだ。だからいちばん強い主張をしている人物は、しっかり繊細に気配りをして、自分の強みをひけらかさないようにする必要がある。あまりに傲慢だったり自己中心だったりすれば、他の論者たちの敵愾心《てきがいしん》を招くことになる。

H **他の論者を追いつめずに、逃げ道を与えること。**勝つときにも、穏やかで慎みある形で勝つこと。同じことだけれど、相手のメンツをつぶさないこと。

I **説明と判断を混同しないこと。**価値判断と思われるような説明を行うときには、それがなんら価値判断を下すものではないと明言すること。そして相手がそういう発言をしたら、それが価値判断か単なる説明かを確認すること。

J **わかりやすい発言をしよう。**あいまいで抽象的なことばが使われたら、その意味を説明するように。できるだけ具体的な話をしよう。

K **無理に議論を作らないこと。**ある問題の結論に強い利害関係を持った人は、自分に有利な議論を手当たり次第に持ち出してくることがある。言いすぎたり、単純化しすぎたり、まちがった議論を使ったり、不適切な前例を使ったりして、下手な議論ならしないほうがましだということを忘れてしまう。ひどい議論を使うと、中立的だった聞き手の心は離れるし、もともと反対だった人たちは、もっと反対するようになるだけだ。つまらない議論を支持する人たちは、もともと賛成していた人だけで、彼らに支持してもらっても何も得られない。

L **引き際を知ること。**怒った人をもっと怒らせてもいいことは何もない。同様に、議論が過熱しているときには、それを冷ますようにしよう。さらに相手が自分の話を聞いているかどうかも見極めること。聞いていなければ、まともな理屈に反応しないのであれば、そんな議論は続けるだけ無駄かもしれない。

M **重要なのははっきりさせることだ。**たとえば、ほのめかしははっきりさせよう。具体的に「あなたのおっしゃっているのは／示唆しているのは／意味しているのはこういうことですか?」と尋ねよう。こんな言い方をしてみよう。

✸**「あなたの立場はわかりました。つまり求めているのはこういうことですね?」**

✷「その立場を受け入れるなら、私としてはこうしていただく必要があります。これは可能でしょうか?」

✷「こちらの立場はわかっていただけたと思います。つまりこういうことです。さてこの立場を受け入れていただくには、こちらが何をすればいいでしょうか?」

✷「はい、これでお互いの立場がわかりました。では、どういう解決策なら公平だと思いますか?」

✷「私の立場の中で、認めていただけるのはどこでしょうか? あなたが私の立場なら、問題をどう解決しますか?」

まとめ

きちんと論争するには、技能と辛抱強さ、繊細さ、慎み、外交手腕、穏やかさが必要だ。人格はいったん棚にあげて、問題を見なければならない。きちんとした手法を持ち、客観的で、分析的で、何より明瞭であることが必要となる。明らかにしていないような憶測や仮定はしないこと。そして特に重要なのは、結論ありきで始めないことだ。むしろ、いろいろな結論につながる各種のステップから始めよう。

第14章

誤解を招きやすい表現

「私はホシを追い求める」

前に触れた議論の続きで、意味論や推論、論理の具体的な問題を取り上げよう。

144 意味論的あいまいさ／発言のあいまいさ
Semantic or verbal ambiguity

話し手が単語の可能な意味合いのうち、どれを念頭において話しているか明確にしないと、個々の単語の意味があいまいになりがちだ。これについてはすでに触れたが、これは「意味論的あいまいさ」、あるいは「発言のあいまいさ」と呼ばれる。

「はしは危険だ」と言われたとき、それが端のことなのか、それとも橋のことなのかはわかりにくい。こうしたあいまいさは、広告などでもよく利用される。

「私はホシを追いかける」と言われたら、複数の意味がある。

（1）天文に興味がある

（2）事件の犯人（ホシ）を実際に追う、たとえば警察官のような人物である

（3）事件の犯人についての情報を追いかける、事件記者のような人物である

「革新的な案」と言ったら、極めて目新しい案かもしれないけれど、ひと昔前なら左翼的な案という意味の可能性もあった。

145 構文的あいまいさ
Syntactic ambiguity or amphiboly

単語の意味は、それが文中のどこに置かれるかによってもあいまいになる。つまり他の単語との関係がはっきりしないときにも、あいまいさが生じるわけだ。これは「構文的あいまいさ」と呼ばれる。

「ターンさんの困ったところは、理解できない問題で十分にすばやい判断ができないことだ」

理解もしていない問題について、ターンさんが判断をそもそも行ったりしないよう祈りたいところだ。このあいまい文は、こう言い換えればもっと意味がはっきりする。

「ターンさんの困ったところは、彼の理解できない問題が多すぎることだ。結果として、十分にすばやい判断もできない」

「黒いイヌのしっぽ」というのは、黒いイヌの(黒くないかもしれない)しっぽなのか、それとも(黒くないかもしれない)イヌの黒いしっぽなのか?

「高速増殖炉」は、核物質の増殖が速い原子炉だと誤解されていることが多いが、実際には炉の中の中性子の速度が高速な原子炉でしかなかったりする。

146 あいまいな接続語
Conjunctions

接続語も問題を起こすことがある。「と(and)」という接続語を考えてほしい。これは追加を表す場合と等価を表す場合とがある。

「この章では混同と推論を扱う」といえば、「この章は混同について扱い、さらに推論についても扱う」という意味になる。でも、混同と推論との間に何か関係があるかのような印象も与えられる。つまり、混同と推論は、別々の現象として読むこともできるし、何か一体の現象として解釈もできる。

「サラとミランダは昨日、賞をもらった」と言えば、2人が同じ賞を分け合ったのかもしれないし、それぞれが別々の賞をもらったのかもしれない。このことばで等価を表すのか、単に追加を表すのかをはっきりしておかないと、混乱が起こることがある(訳注：日本語では、「と」で結ばれた2つのものが、等価でありしかも対立概念であるかのように読まれる場合があるので注意が必要となる)。

このような並置型の文には、他にも注意すべき点がある。

「今日は市役所に行って書類も仕上げた」

この文章は、関係ない2つの行動を並べただけかもしれない。でも、関連があるように解釈する人もいる。「市役所にいって、その市役所で書類を仕上げた」とも読めるし、市役所に行って、それとは別に(たとえば自分の家で)書類を仕上げたのかもしれない。

147 あいまいな並置

Juxtaposition

ときには、並置が因果関係を意味することもある。

「タル氏は体調を崩し、その後死んだ」

という文は、**「タル氏が体調を崩し、それが原因で死んだ」**とも、**「タル氏は体調を崩し、その後にそれとは別の理由で死んだ」**とも読める。

さらに面倒なことに、並置は「および」という意味と「または」のどちらの意味にもなれる。

「以下の10個の例は、『文藝春秋』『週刊朝日』『日経サイエンス』からのものだ」

それぞれの例は、挙がった雑誌のすべてに載っているわけではない。各例は『文藝春秋』『週刊朝日』、『日経サイエンス』のどれかに載っていた、という意味だ。だからこの文章は正しくは、

「以下の10個の例の一部は『文藝春秋』から、一部は『週刊朝日』から、残りは『日経サイエンス』からとった」

という意味だ。

148 あいまいな「両方」
Ambiguous "both"

「両方」という表現もあいまいになる。

「自転車の左右両方のブレーキがきかない」

と言ったら、「右もきかないし左もきかない」という意味かもしれないし、「両方はきかないけれど片方だけならきく」という意味かもしれない。「両方」にはこういうあいまいさがあるので、「どっちもきかない」という言い方をしたほうがいいだろう。

149 あいまいな「すべて」
Ambiguous "all...not"

同じようなあいまいさは「すべて〜ない」という表現にもつきまとう。

「すべてのキャデラックはフォードが造っていない」

「すべてのキャデラックはデトロイト製ではない」

キャデラックを造っているのはゼネラルモーターズで、フォードとは別の会社だということを知っていれば、最初の文の意味は明らかだ。

でも2番目の文章はどうだろう。

「キャデラックはデトロイトでは1台も造られていない」ということなのか、それとも、**「すべてが造られているわけではなく、一**

部が造られているだけだ」と言いたいのか?

こういう誤解を避けるためには「すべて〜でない」という表現は一切使わないほうがいい。

さらに、否定形には重大な問題があるので、前に述べた議論を繰り返しておこう。**「きみには賛成できない」**というのは**「きみに反対だ」ということではない。**単に、それを支持しないというだけだ。

「牛肉は好きじゃない」というのは、「牛肉が嫌いだ」というわけではない。好きというほどの気分は抱いていないというだけだ。「きみを信じてはいない」というのは、「きみの言うことは絶対ウソだ」という意味じゃない。Xでないというのは、Xの反対を意味するわけじゃない。「水は熱くない」というのは、別に水が冷たいという意味ではない。20度くらいでぬるいだけかもしれない。

150 あいまいな「か」
Tricky "or"

「AかB」と言うときの「か」も悩みの種だ。「か」には2種類の意味がある。両方を含む(包含的な)意味合いもあれば、排他的な(どっちかだけの)意味合いにもなる。

「すごく暑いかすごく寒いのは苦手だ」

この場合、**「か」**は**「および/また」**と同じ意味だ。

「すごく暑いのは苦手で、またすごく寒いのも苦手だ」

「すごく暑いのおよびすごく寒いのは苦手だ」

一方、排他的な用法だとこんな具合だ。

「鍵は台所か寝室にあるよ」

この文だと、鍵は台所にあるかもしれないし、あるいは寝室にあるかもしれないけれど、その両方にあることは不可能だ。

151 選択肢のひとつが真であることを理由に、もうひとつの選択肢を偽と考える虚偽

Assuming that an alternative is false because the other alternative is true

「か」が包含的な意味か排他的な意味かはっきりしない形で使われると、混乱のもとだ。

二者択一の片方が真だったことを根拠に、もう片方が偽だと結論づけるような形で「か」を使うと虚偽が起きる。つまり、包含的な意味で言っているのを排他的な意味だと解釈すると虚偽となる。

「ローラは司法試験に合格するか、さもなければ法学部をやめるかだ」

さてこの場合、彼女が法学部をやめたからといって、試験に合格しなかったと結論づけることはできない。法学部をやめる理由は他にもいろいろ考えられるからだ。試験に合格したからといっ

て、法学部をやめないと結論づけるのも同じく虚偽だ。

一方、試験に合格しなければ、法学部に残ると考えるのは妥当だし、法学部に残っているということは試験に合格したということだというのも正しい。

したがって、二者択一の片方が真だからといって、もう片方が偽だと述べるのはまちがっている。でも、片方が偽なら、もう片方が真だというのは妥当だ。

ＸとＹを選択肢としたとき、「か」を使った発言から行う推論として妥当なものと妥当でないものを挙げよう。

妥当な論証：

ＸかＹが成り立つ。
Ｘは成り立たない。
したがってＹが成り立つ。

ＸかＹが成り立つ。
Ｙは成り立たない。
したがってＸが成り立つ。

妥当でない論証：

ＸかＹが成り立つ。
Ｘが成り立つ。
したがってＹは成り立たない。

ＸかＹが成り立つ。
Ｙが成り立つ。
したがってＸは成り立たない。

もちろん、ここで「成り立つ」というのは「真である」と読み替えてもいい。Ｘが成り立つというのは、Ｘが真であるというのと同じことだ。

152 あいまいな「もし〜なら」
“if”

「もし〜なら」という表現にも気をつけよう。多くの人は、「もし〜なら」というのを「〜の場合に限り」という意味だと解釈する。「〜の場合に限り」は、可能性を指定して限定する。「もし〜なら」というのは何も限定しない。単にひとつの条件を挙げるだけだ。以下の2つの文はちがう。

「雨なら家にいるよ」

「雨の場合に限り家にいるよ」

後者は、家にとどまる条件はひとつしかないと述べている。雨が降らない限り、この人は家にはいない。前者は、単に雨が降ったら家にいると述べているだけだ。でも、雨が降らなくても他の理由で家に残るかもしれない。最初の文を見て、その人が家にいるから雨が降ってるな、と思うのはまちがいだ。雨が降っていなければ家にいないだろうと思ってもいけない。

153 後件肯定の虚偽
Fallacy of affirming the consequent

「もし〜なら」という表現をもっと慎重に見てみよう。何が有効な演繹《えんえき》で、どこからが暴走になるのだろうか? 簡単な例で検討しよう。

「エドナおばさんが訪ねてきたら、よいもてなしを受けるよ」

まず、おばさんがよいもてなしを受けていないなら、われわれを訪ねてきていない、とは言える。でも、よいもてなしを受けていても、必ずしもわれわれを訪ねたとは限らない。別の人によいもてなしを受けているのかもしれない。あるいは、訪ねてきていないからといって、よいもてなしを受けていないとも言えない。別の人がよいもてなしを提供しているかもしれないからだ。彼女がここを訪ねるというのは、よい扱いを受けるための必要条件ではない。

虚偽が起きるのは、条件の反対が真だと思いこんでしまう場合だ。「もしXが真ならYも真だ」の逆は、「Yが真ならXも真だ」というものだけれど、これは必ずしも正しくない。

もし毒を食べたら、死ぬ:命題
死んだら、毒を食べたからだ:逆

条件文の「もし」部分は前件と呼ばれる。その後の起こることを述べた部分は後件と呼ばれる。いま述べた虚偽の別名は、「後件肯定の虚偽」という。後件が真だから前件も真だという論証を指す。

154 前件否定の虚偽
Fallacy of denying the antecedent

条件文の「裏」が正しいと思いこむのも別の虚偽だ。前項のエドナおばさんの例文の裏は「エドナおばさんが訪ねてこなければ、よいもてなしを受けていない」というものだ。

「もしXが真ならYも真だ」の裏は、**「もしXが真でないならYも真でない」**ということになる。条件文の裏は、必ずしも正しくない。

> **もし毒を食べたら、死ぬ：命題**
> **毒を食べなければ、死ぬことはない：裏**

この虚偽の別名は、「前件否定の虚偽」だ。前件が正しくないから帰結も正しくないというのは、前件の否定になる。

以下の例は、「もし～なら」文で行える有効な演繹を並べたものだ。ここでも、「～が成り立つ」というのは「～が真だ」というのと同じだ。

妥当な論証：

Xが成り立つなら、Yが成り立つ。
Xは成り立つ。
したがってYが成り立つ。

Xが成り立つなら、Yが成り立つ。
Yは成り立たない。
したがってXは成り立たない。

Xが成り立たないなら、Yが成り立つ。
Xは成り立たない。
したがってYは成り立つ。

Xが成り立つなら、Yが成り立たない。
Yは成り立つ。
したがってXは成り立たない。

Xが成り立たないなら、Yが成り立たない。
Xは成り立たない。
したがってYは成り立たない。

妥当でない論証：

Xが成り立つなら、Yが成り立つ。
Yは成り立つ。
したがってXは成り立つ。

Xが成り立つなら、Yが成り立つ。
Xは成り立たない。
したがってYは成り立たない。

Xが成り立つなら、Yが成り立たない。
Yは成り立たない。
したがってXは成り立つ。

妥当でない論証の最初のものと最後のものは、帰結の肯定、あるいは逆の想定と呼ばれる。まん中のものは、前件の否定、あるいは裏を想定している。

155 条件連鎖（仮定の積み重ね）
Abuse of chain (serial / hypothetical) conditions

最後にもうひとつ、「もし〜なら」条件文の一種として触れておくべきバリエーションがある。条件連鎖、あるいは仮定の積み重ねとも言われるものだ。

「天気がよければ、明日は出かける。明日出かけたら、妹を訪ねる。妹を訪ねたら、ミルウォーキーで一泊する。ミルウォーキーで一泊したら、シカゴには立ち寄らない。したがって明日の天気がよければ、シカゴには立ち寄らない」

こうした論証のパターンは、

もしＡが成り立てばＢが成り立つ。
もしＢが成り立てばＣが成り立つ。
もしＣが成り立てばＤが成り立つ。
もしＤが成り立てばＥが成り立つ。

というものだ。このパターンに基づけば、正しい結論は以下の通りとなる。

もしＡが成り立てばＣが成り立つ。
もしＡが成り立てばＤも成り立つ。
もしＡが成り立てばＥも成り立つ。

……などなど。

でも、連鎖条件文は乱用も簡単だ。

愛国者なら、投票する。
政治に関心があるなら投票する。
したがって愛国者なら政治に関心がある。

このまちがった論証のパターンは以下の通りだ。

もしＡが成り立てばＢが成り立つ。
もしＣが成り立てばＢも成り立つ。
したがってもしＡが成り立てばＣも成り立つ。

明らかに、愛国者で政治に関心がない人はいるだろう。

別の虚偽を見てみよう。

よい政府がほしい人は、市民公聴会に出席する。
よい政府がほしい人は、自由党を支持する。
したがって市民公聴会に出席する人は、自由党を支持する。

この論証に魅力を感じる人もいるだろうが、でも論証としては妥当ではない。論証が妥当になるためには、公式に当てはめて成立しなければならない。

ここでの公式は、

もしＡが成り立てばＢが成り立つ。
もしＡが成り立てばＣも成り立つ。
したがってもしＢが成り立てばＣも成り立つ。

この論証が不当であることは、中身を入れ替えてみればはっきりするだろう。

シカゴにいれば、アメリカの北部にいる。
シカゴにいるなら、イリノイ州にいる。
したがってアメリカ北部にいるなら、イリノイ州にいる。

アメリカ北部はイリノイ州以外にもいろいろ州がある。ワシントン州のシアトルにいるのかもしれない。真である論証２つから、真でない結論を導いてしまうような論証はすべて不当だ。

この章では最後に、意味論上の問題をもう２つ取り上げよう。ひとつは、大きなグループを指す表現だ。

「カリフォルニアの市民たちは、税制改革を待望している」

という文は、単に「カリフォルニアの市民たちの**一部は**」あるいはせいぜいが「カリフォルニア市民の**多くは**」という意味で使われている。

それを勝手に総称として解釈する人間にはいらだたしい思いをさせられることが多い。

ある代表が**「うちの地区の人々はこの提案を支持しないだろ**

う」と言うとき、これは実際には「うちの地区の一部の／多くの人々は……」というだけの意味だし、往々にして「うちの地区の人々の中で、私が話をした人々の一部／多くは……」というだけのことだったりする。意味的にはかなりちがう。

もうひとつは、**「〜は〜である」**という文についてだ。これを最後にしたのは、本章の意味論的な議論の中で、いちばん無害なものだからだ。

「〜は〜である」という文は、最低でも4つの意味を持ちうる。

(1) まずは、同一性を示すことができる

X＝Xという文だ。スプーンはおさじである。この2つはまったく同じもので、名前がちがうだけだ。だからこの2つを入れ替えても意味はまったく変わらない。

(2) 次に、この表現は等価性、合同性を示すこともできる

X≒Xというわけだ。まったく同じ長さと幅を持つ線分や、まったく同じ形のジグソーパズルがあったとする。それが同じだと述べたら、それが同一の線分だとか同一のパズル片だとかいうことは言えない。単にそれが、大きさと形の点で複製になっているということを言っているだけだ。

(3) 3番目の機能は、ある集団への所属を示すこと

X⊂Yの場合だ。「ヒ素は毒だ」というのは、「ヒ素は毒の1種だ」「ヒ素は、毒ということばで表現される集団の一要素だ」という意味だ。この文では、ヒ素と毒ということばを入れ替えることはできない。

(4) 最後に、この表現は共通部分を示すこともある

X∩Y。 この機能の場合、表現は「〜は〜の性質の少なくともひとつを持っている」という意味だ。

「ラリーはブタだ」というのは**「ラリーはブタが持つ性質の少なくともひとつを持っている」**という意味だ。つまり、ラリーが持つ性質とブタが持つ性質とは、少なくとも一点において重なるか交差しているわけだ。

まとめ

本章で述べた意味論的な問題の一部は、言うまでもないものだが、なかにはもっとわかりにくいものもある。最高に厳密な話し手でも、ここで述べたあいまいさを完全に避けることはできないだろう。でも、落とし穴に注意していれば、ちゃんと自分の言いたい通りの意味で話が通るよう、注意もできるはずだ。

第15章
〈番外編〉
三段論法について

ハゲは絶倫だ。
彼はハゲだ。
したがって彼は
絶倫の、はず…

論証という概念については、すでに紹介した。最も重要なポイントは、以下のようなものだった。

(1) 論証は一連の命題、つまり前提で構成され、そこから結論が導かれる。

(2) 論証は、結論が反論の余地なく前提から導かれる場合には妥当となる。結論が反論の余地なく導かれなければ、妥当でない(不当)。

(3) 論証は、前提のひとつ以上が真でなくても妥当でありうる。真偽と妥当性とはまったくちがうものであり、どちらも同じくらい重要だ。妥当性は論理、あるいは理由づけのプロセスにだけ関わるもので、命題の真偽とは関係ない。

(4) 一部の論証は省略三段論法、つまり不完全なものとなっている。ひとつ以上の前提が省略されているのだ。ときには、省略された前提は自明だが、ときには自明ではなく、そうなると混乱や誤解を招くことになる。

論理において、論証プロセスの核になるのが三段論法だ。三段論法は、2つの前提とひとつの結論で構成される論証の一種だ。三段論法について語るときには、その形式と、命題の中身の両方について考える必要がある。

たとえば、

「すべてのイヌはブルドッグだ。
バロンはイヌだ。
したがってバロンはブルドッグだ」

これは三段論法としては完全に妥当だ。最初の命題は真ではないけれど、それでも妥当性には関係ない。もしこの最初の命題が真であれば、結論も絶対に真になる。

一方、以下の三段論法はどうだろう。

「一部のイヌはブルドッグだ。
バロンはイヌだ。
したがってバロンはブルドッグだ」

前提は真だけれど、これは妥当でない。真の前提から、偽の結論や欠陥のある結論を引き出せるようなら、その三段論法の形式に、どこかまちがいがあるのだ。

したがって三段論法を検討するときには、以下の２つの点を検討する必要がある。

(1) 前提となる命題は２つとも真か?
(2) その三段論法は妥当か、つまり形式が正しいか?

本章では、まちがった（つまり妥当でない）三段論法と、妥当な三段論法を見分ける基準をいくつか紹介しよう。

✷三段論法の３つの項

正しい三段論法には、3つの項しかない。それ以上でも以下でもない。

> **小概念**（小名辞）：
> 結論の主語であり、前提のうちひとつに１回だけ登場する（Sと書く）
> **中概念**（中名辞）：
> 前提２つの両方に登場するが、結論には出てこない（Mと書く）
> **大概念**（大名辞）：
> 結論の述部となり、前提のどちらかに１回だけ登場する（Pと書く）

概念は、3つの文のひとつでは単数形で、他のものでは複数形になってもいい。

イヌ、一部のイヌ、すべてのイヌ、イヌでないは、すべて同じ概念を表現する手段となる。

以下の三段論法を見てみよう。

> **「すべてのブルドッグはイヌ科の動物だ。**
> **この動物はブルドッグだ。**
> **したがってこの動物はイヌ科の動物だ」**

小概念（S）は「この動物」だ。というのも結論の主語になっているからだ。中概念（M）は「ブルドッグ」だ。というのも前提2つに登場するけれど、結論には出てこないからだ。大概念（P）は「イヌ科の動物」だ。なぜなら、結論の述部に登場するからだ。

✹ 全称／特称、周延／不周延

三段論法の概念はすべて、数量詞――「すべて」「一部」「ひとつもない」など――をともなう。ときには、それが省略されていることもある。

「犬は爬《は》虫類じゃない」という文は、**「爬虫類である犬はいない」**という意味か、**「あらゆる犬は一匹として爬虫類ではない」**ということを言っている。

「すべて」「ひとつもない」はその集団の要素すべてについてひとつ残らず当てはまるものなので、**全称数量詞／全称記号**と呼ばれる。全称数量詞のくっついた概念は、**周延概念**と呼ばれる。

一般名詞やそれに相当するものは、「すべての」という数量詞がなくても、全称／周延と見なされる。だから「ハリーは親切だ」という命題で、ハリーというのは全称／周延だと解釈される。というのも、話題になっているハリーというのはひとりしかいないからだ。

「この動物はブルドッグだ」という命題で、「この動物」というのも全称／周延だと解釈される。話題になっている動物はこの1匹だけで、すぐにでも固有名と置き換えられるものだからだ。

「一部の」というのは**特称数量詞**だ。その概念で示される集団の一部だけについて表現するものだからだ（特称というのは個別という意味ではないことに注意）。「一部の」ということばは、ひとつかそれ以上、あるいは少なくともひとつ、という意味でしかない。

「一部の」がつく概念は、**不周延概念**と呼ばれることも多い。ときには「一部の」ということばが省略されることもある。たとえば「すべてのヘビは爬虫類である」という文は、爬虫類という類の全体については何も言わない。単に、爬虫類の一部であるヘビという集団について何かを言っているだけだ。

「サムはブルドッグだ」という命題では、ブルドッグという概念はブルドッグすべてについて何かを言っているわけじゃない。単にブルドッグ世界の中でサムが占めている一部について何かを語っているだけだ。だからこの２つの例では、爬虫類とブルドッグはそれぞれ特称または不周延概念だ。

✸全部／一部、肯定／否定

三段論法を検討するには、妥当性を見極めるとても簡単な方法が２つある。

まず、前提のどっちかが「一部の」で始まっていたら、結論も「一部の」で始まる必要がある。次に、前提のどっちかに否定形が入っていたら、結論も否定形を含むべきだ。

「すべてのブルドッグはイヌ科の動物だ。
ダビーとダニエルはイヌ科の動物ではない。
したがって……」

「すべてのブルドッグはイヌ科の動物だ。
一部のブルドッグはおとなしい。
したがって……」

最初の三段論法は、否定形の結論を持たなければならない。**「したがって、ダビーとダニエルはブルドッグではない」**となる。

次の三段論法では、結論も「一部の」で始まる必要がある。**「したがって、一部のイヌ科の動物はおとなしい」**となる。

次の三段論法は、その両方の組み合わせだ。

「一部のブルドッグはおとなしい。
爬虫類であるブルドッグは存在しない。
したがって……」

結論は、「一部の」と否定形を組み合わせたものとなる。**「したがって、一部のおとなしい存在は、爬虫類ではない」**。

次の2つの基準も同じく簡単だ。前提がどっちも「一部の」で始まっていれば、結論はまったく導けない。そして前提がどっちも否定形なら、これまた結論は導けない。

「一部の女の子は魅力的だ。
一部の女の子は背が高い」

この二つの前提からはどこにも行けない。

「ネコはどれもイヌ科の動物ではない。
爬虫類はどれもネコではない」

ここでつい「したがって、イヌ科の動物である爬虫類は存在しない」という結論を引き出したくなる。確かにこの命題は真ではあるけれど、でも演繹として妥当ではない。

三段論法の形式が妥当となるには、その概念に何を入れても妥当でなきゃいけないことをお忘れなく。ちょっと入れ替えたものを見てほしい。

「ネコはどれもイヌ科の動物ではない。
イヌはどれもネコではない。
したがって、イヌ科の動物であるイヌはいない」

前提が真なのに、「イヌはイヌ科じゃない」というような結論を導いてしまう形式の三段論法は、意味がない。したがって明らかに妥当な三段論法じゃない。

✹三段論法とベン図

三段論法で、前提が2つとも肯定形の(つまり否定形を含まない)場合には、大概念(P)がある集合を示し、中概念(M)はその部分集合を示し、小概念(S)はそのさらに部分集合、または部分集合に含まれる個別のモノを示す。以下の例を見よう。

A：　「すべてのネコはネコ科の動物だ。
ダニエルはネコだ。
したがって、ダニエルはネコ科の動物だ」

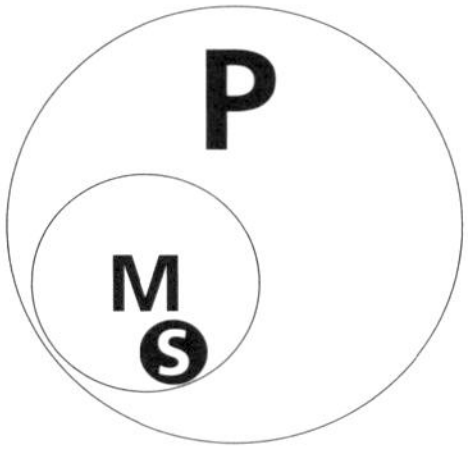

大概念P＝ネコ科の動物という集合
中概念M＝ネコ、ネコ科の動物に
含まれる部分集合
小概念S＝ダニエル、ネコという部分集合の
さらに部分集合、または個別のネコ

小概念肯定命題でも、中概念がほんとうの中概念でないときに何が起こるかはすでに見た。

B：　「ブルドッグはイヌ科の動物だ。
オオカミはイヌ科の動物だ。
したがって、オオカミはブルドッグだ」

大概念P＝イヌ科の動物という集合、大概念
中概念M＝ブルドッグ、イヌ科の動物に
含まれる部分集合
小概念S＝オオカミ、イヌ科の動物に
含まれる部分集合

この種の虚偽は、2つのまったくちがうものについて、何か共通の特徴があるとか、同じ集団に属するとかいうだけで両者が同じだと思ってしまうときに生じる。この虚偽は、しばしばわかりにくいので危険だ。

C：「アナキストは政府に不満を持っている。
ハリーは政府に不満を持っている。
したがって、ハリーはアナキストだ」

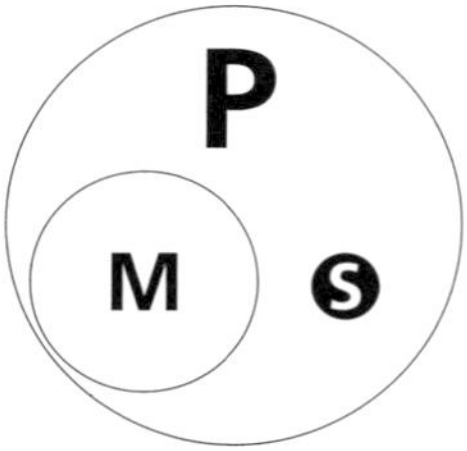

大概念P＝政府に不満を持っている人という集合
中概念M＝アナキスト、政府に不満を持っている人に含まれる部分集合
小概念S＝ハリー、政府に不満を持っている人に含まれる個別の個人

さて、この三段論法は一見すると妥当だ。だって集合と部分集合、個別要素がそろってるじゃないか。

でもこのまちがいは、その個別要素(ハリー)が部分集合(アナキスト)に含まれるかどうかを前提が示していないということだ。したがって、真の中概念はない。大概念を「人間」に置き換えてみると、この虚偽はずっとわかりやすくなる。

C′：「アナキストは人間だ。
ハリーは人間だ。
したがって、ハリーはアナキストだ」

ハリーとアナキストが共通の性質を持っていること――どっちも人間で、どっちも政府に不満を持っている――は、その両者をいっしょくたにしていいとか、同一視していいとかいうことにはならない。

✹中概念不周延の虚偽

さらに、これまでの3つの三段論法は、別の理由からも妥当ではない。大概念――イヌ科の動物、政府に不満を持っている人、人間――は結論の主語として表れなくてはならないのに、先の例文ではそうなっていない。

また妥当でないことを判断する材料は他にもある。三段論法が妥当であるためには、中概念は少なくとも一度は周延化されなくてはならない。中概念は、2つの前提には登場するけれど結論には登場しないことを思いだそう。そして、概念が周延化されるというのは、**「その概念が示す集合の要素すべてがそこで言及されている」**ということだ。

Bの三段論法（p.267）では、文章の上ではイヌ科の動物が中概念ということになるが、この中概念は、すべてのイヌ科の動物を指していない。単に、イヌやオオカミが占有している範囲のイヌ科の動物だけを指している。

Cの三段論法(p.268)では、文章の上では、政府に不満を持っている人が中概念ということになるが、政府に不満を持つ人全員については言及していない。単に、アナキストやハリーが占有している範囲だけだ。

C'の三段論法(p.269)では、文章の上では人間が中概念だが、全人類を指すものではなく、アナキストやハリーが占有している範囲だけを指している。

ここで見てきた論理展開のまちがいは、専門用語で**「中概念不周延の虚偽」**と呼ばれている。

✹ 不当周延の虚偽

三段論法を検討する最後の重要なルールは次のものだ。

「ある概念が結論で周延化されていたら、前提でも周延化されていなくてはならない」

以下の2つの三段論法は、どっちも同じ形式を持っているように見える。

D:　「すべての銀行強盗は犯罪者だ。
クリスは犯罪者ではない。
したがって、クリスは銀行強盗ではない」

E：　**「すべての銀行強盗は犯罪者だ。**
クリスは銀行強盗ではない。
したがって、クリスは犯罪者ではない」

Dの三段論法では、クリスは結論で周延化されていて、2番目の命題でも周延化されている。

銀行強盗は結論で周延化されている——というのもクリスは銀行強盗という集合すべてから排除されているから——そして最初の命題でも周延化されている——最初の命題はすべての銀行強盗について論じているからだ。

でもEの三段論法では、クリスは結論と前提の1つでは周延化されているけれど、犯罪者という概念は周延化されていない。

犯罪者は結論では周延化されている——クリスはすべての犯罪者という集合から排除されているから——けれど、最初の命題では周延化されていない——というのも最初の命題は、すべての犯罪者についてのものではなく、犯罪者の中で銀行強盗が占有している部分だけについてだからだ。したがってこの三段論法は妥当でない。

次ページの図を見ると、それは明らかだろう。

三段論法D:クリスが犯罪者の集合から排除され、犯罪者の集合が銀行強盗の集合を包含するなら、クリスは自動的に銀行強盗の集合からも排除される。

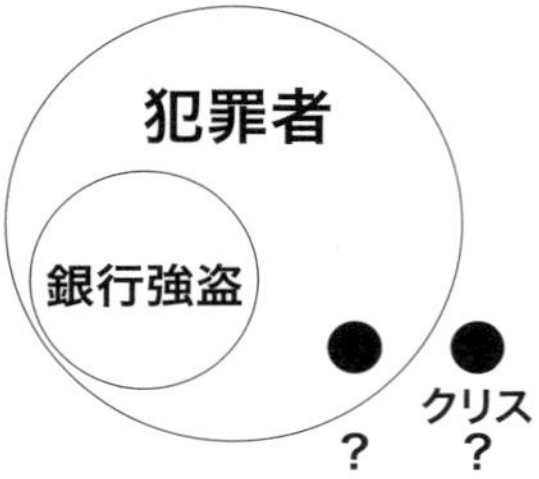

三段論法E:クリスが銀行強盗の集合から排除されても、犯罪者の集合からは排除されない。銀行強盗ではない犯罪者かもしれないし、犯罪者でないかもしれない。わかるのは、クリスが銀行強盗の占有する円の中にはいない、というだけだ。

大概念を「人間」というものにすると、三段論法Bが無効だということははっきりする。

「すべての銀行強盗は人間だ。
クリスは銀行強盗ではない。
したがって、クリスは人間ではない」

いま検討した虚偽は、**「不当周延の虚偽」**と呼ばれる。

✹三段論法を調べるテクニック① ベン図

では、三段論法の形式を調べるのに使えるテクニックをまとめよう。

まず、三段論法を、円や点を使って図にすることができる(これをベン図という)。円は集合や部分集合を表し、点は個別の要素を示す。目の前に紙があれば、この手法は便利だ。2つの命題からどんな結論を演繹するか、目で見ることができる。でも、命題を正確に追うように注意する必要がある。たとえばこんな命題はどうだろう。

「すべての職人はきちょうめんだ。
一部のロシア人はきちょうめんではない」

まずは、すべてのきちょうめんな人を表す円を描こう。次に、すべての職人はきちょうめんなんだから、最初の円の内側に、すべての職人を表す円を描く。

さて、2番目の命題は、ロシア人の中できちょうめんな人については何も述べていない。単に、きちょうめんでないロシア人について述べているだけだ。「一部の」というのは少なくともひとり、ということだから、この命題は正しくは「少なくともひとりのロシア人はきちょうめんでない」というものだ。したがって、第3の円は、きちょうめんな人の外部に描くことになる。

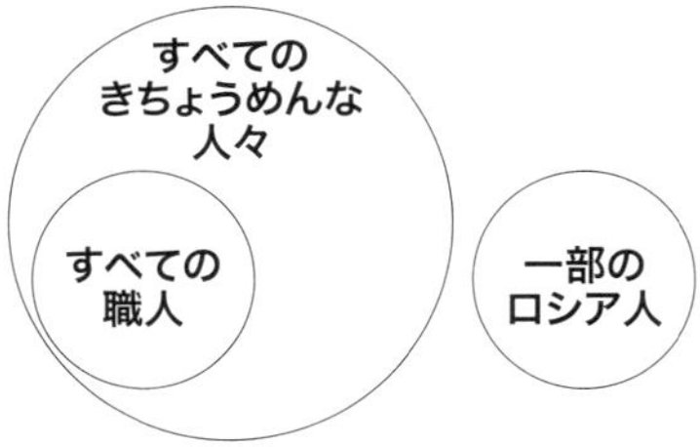

ここから出てくる結論は、一部のロシア人は職人ではない、ということだ。

「スカンジナビア人であるロシア人はいない。
一部のスカンジナビア人はブロンドだ」

まずはロシア人とスカンジナビア人を表す、重なっていない円を描こう。二番目の命題は、そのスカンジナビア人の一部はブロンドだと言っているだけだ。だから第三の円は、スカンジナビア人の円と部分的に重なることになる。

この円を見ると、得られる唯一の結論は、一部のブロンドはロシア人ではないというものだというのがわかる。Xの示す領域は、スカンジナビア人ではない一部のブロンドを表す。Yの示す領域は、ブロンドでありスカンジナビア人である人々を表す。そしてZの示す領域は、ブロンドでないスカンジナビア人だ。

✷三段論法を調べるテクニック② 概念を置き換える

三段論法を試すもうひとつの方法は、ひとつの概念を別のものと置き換えて、命題がそれでも真かどうかを確認することだ。原理的に、三段論法の形式は、どんな概念を使っても妥当性が変わらないということになっている。

したがって命題が真で形式が妥当なら、結論も絶対に真でなくてはならない。一方、命題が真なのに結論が真でなければ、形式が絶対に妥当ではない。このテクニックは、以下の三段論法の検討で使った。

「すべての銀行強盗は犯罪者だ。
クリスは銀行強盗ではない。
したがって、クリスは犯罪者ではない」

ここで「犯罪者」を「人間」に変えてみると、「したがって、クリスは人間ではない」という結論は明らかに変だということがわかる。したがってすぐに、三段論法の形式が変か、妥当でないのだ、ということがわかった。さらに、以下の形式を持つ三段論法はすべて妥当ではないこともわかる。

すべてのXはYだ。
ZはXではない。
したがって、ZはYではない。

こうやって置き換えるテクニックは絶対確実というわけではないけれど、でも三段論法が妥当でないことを明瞭にわからせるにはいちばん明確な例かもしれない。

✹三段論法を調べるテクニック③　規則を調べる

第3のテクニックは、規則（＝ルール）を参照することだ。このルールはいい加減なものじゃないことは認識しよう。三段論法でありうる概念の組み合わせをすべて分析し、真である命題から偽の結論が出てくる場合の共通理由を見極めることで作ったものだ。

したがってこのルールは、絶対にまちがいがない。このルールに違反する三段論法は、すべて妥当でない。もし三段論法の妥当性を確かめるのにこのルールを使うなら、以下の質問に答えてみよう。

以下の質問のうち１つでも答えが「ノー」のものがあったら、それは無効な三段論法だ。

（1）文の数はちょうど3つだけか？

（2）3番目の文は、明示的であってもなくても「したがって」で始まっているか？

（3）概念はちょうど3つだけか？

（4）結論の主語は、最初の２つの命題の片方だけに登場しているか？（小概念）

（5）結論の述部は、最初の２つの命題のもう片方だけに登場しているか？（大概念）

（6）1番目と2番目には登場するけれど、結論には登場しない概念があるか？（中概念）

（7）中概念は、最初の２つの命題の少なくとも片方で、それが示す集合の全要素について何かを言っているか（つまり

中概念は少なくとも一度は周延化されているか)? この質問を言い換えると、もし命題が肯定形なら、3つの概念は「集合」—「部分集合」—「部分集合のさらに一部」という関係があるか(つまり中概念は本当の中概念になっているか)?

(8) もし最初の2つの命題のどちらかが「一部の」で始まっていたら、結論も「一部の」で始まっているか?

(9) 結論に否定形があれば、最初の2つの命題のどちらかにも否定形があるか?

(10) 最初の2つの命題のうち「一部の」で始まるのものは1つ以下か?

(11) 最初の2つの命題の少なくとも片方は肯定形になってるか?

(12) 概念が結論で周延化されていたら、それは最初の2つの命題のどちらかでも周延化されているか? つまり、結論がその集合のあらゆる要素について何かを述べていたら、最初の2つの命題のどれかでも、その集合のあらゆる要素について述べられているか?

✷三段論法を調べるテクニック④　妥当な形式一覧

三段論法の最後の検討方法は、妥当な形式の一覧と照らし合わせることだ。三段論法は全部で250種類以上あるけれど、そのうち妥当なのは24種類だけで、さらにその中でも重要なのは15個だけだ。

第1群:「すべての」を使う命題

(1)　すべてのAはBである。
(すべての)CはAである。
したがって、(すべての)CはBである。

第2群:「すべての／一部の」を使う命題

(2)　すべてのAはBである。
一部のCはAである。
したがって、一部のCはBである。

(3)　すべてのAはBである。
一部のAはCである。
したがって、一部のCはBである。

(4)　すべてのAはBである。
一部のCはAである。
したがって、一部のBはCである。

(5)　すべてのAはBである。
一部のAはCである。
したがって、一部のBはCである。

第3群:「すべての／〜はひとつもない」を使う命題

（6） すべてのＡはＢである。
Ｂである C はひとつもない。
したがって、Ａである C はひとつもない、
あるいは C はＡではない。

（7） すべてのＡはＢである。
C であるＢはひとつもない。
したがって、Ａである C はひとつもない、
あるいは C はＡではない。

（8） すべてのＡはＢである。
Ｂである C はひとつもない。
したがって、C であるＡはひとつもない、
あるいはＡは C ではない。

（9） すべてのＡはＢである。
C であるＢはひとつもない。
したがって、C であるＡはひとつもない、
あるいはＡは C ではない。

第4群:「すべての／一部の／〜ではない」を使う命題

（10） すべてのＡはＢである。
一部のＡは C ではない。
したがって、一部のＢは C ではない。

（11） すべてのＡはＢである。
一部の C はＢではない。
したがって、一部の C はＡではない。

第5群：「〜はひとつもない／一部の」を使う命題

（12）ＡであるＢはひとつもない。
一部のＡはＣである。
したがって、一部のＣはＢではない。

（13）ＡであるＢはひとつもない。
一部のＣはＡである。
したがって、一部のＣはＢではない。

（14）ＡであるＢはひとつもない。
一部のＢはＣである。
したがって、一部のＣはＡではない。

（15）ＡであるＢはひとつもない。
一部のＣはＢである。
したがって、一部のＣはＡではない。

以上の15種類のパターンには、どんな真の命題を入れても、真の結論が必ず出てくる。

たとえば、以下の2つの命題を考えよう。

「現状に満足しているアナキストはひとりもいない」
「現状に満足している人の一部は、保守派である」

ここでのパターンは、パターン14と一致している。

ＡであるＢはひとつもない。
一部のＢはＣである。

（A＝ アナキスト
B＝ 現状に満足している人
C＝ 保守派）

したがって結論は、必ず以下のようになる。

一部のCはAではない：
「一部の保守派はアナキストではない」

別の例を挙げよう。

「現状に満足しているアナキストはひとりもいない」
「トムはアナキストである」

この命題は明らかに第3群に属しているけれど、でも第3群のどのパターンにも当てはまらないようだ。

でも、2つの命題の順番を変えれば、これがパターン7かパターン8と一致していることがわかる。

（すべての）AはBである：
「トムはアナキストである」
CであるBはひとつもない：
「現状に満足しているアナキストはひとりもいない」

だから結論は、以下のどれかに必ずなる。

CはAではない:

「現状に満足している人はトムではない（トムはそこには含まれない）」

または

AはCではない:

「トムは現状に満足していない」

この例はまた別の見方もできる。

すべてのAはBである:

「すべてのアナキストは現状に不満である」

（すべての）CはAである:

「トムはアナキストである」

（A＝アナキスト
B＝現状に不満な人
C＝トム）

これは明らかにパターン1なので、結論も決まる。

（すべての）CはBである:

「トムは現状に不満である」

まとめ

さて、こうした三段論法の検討は、どうでもいいことをつつきまわしているように見えるかもしれない。だって、人は三段論法で話すわけじゃない。そんなことをしたら死ぬほど退屈になるだろう。

でも三段論法は、真実を見極めるときの最も役に立つツールのひとつだ。それは自分がずばり何を言おうとしているのかを記述させることになる。

憶測に任される部分はまったくない。厳密で明確に表現しなくてはならない。証拠と結論を区別するよう強制してくれるし、その証拠がずばり何で、証拠と結論の関係はどうなのかを明記させる。

前提を明示しろと要求することで、三段論法は事実の記述と意見の記述を峻別《しゅんべつ》する。事実関係を問題にしているのか、それとも論理展開が問題なのかもはっきり区別できる。

つまり、もし結論に同意できないなら、それが結論のベースとなる前提に同意できないためなのか、それともその前提の使われ方に問題があるからなのかを明確に教えてくれる。

きちんとした形で使えば、三段論法は無用なことばをはぎ取ることができる。そういうことばは、虚偽をごまかすものだからだ。そして三段論法は、虚偽を論理的かつ客観的に示してくれる。

第16章　最後に

これまでの章から学ぶべき最も重要な原理は、以下のようにまとめられるだろう。

A　**絶対論をぶつ人には注意しよう。**すべての、まったくの、誰ひとりとして、決して、必ず、万人が、即座に……等々のことばだ。あるいはある集団について、その構成員がみんなまったく同じ性質や信念や態度を持っているかのように語る人には要注意だ。

B　**一般化に注意しよう。**特に裏づけのない一般化や、裏づけがあってもそれがほんの1、2個の、個別的で例外的で極端な例にしか基づいていない場合は警戒すること。

C　**客観的で事実に基づいた応答ではなく、感情的なことばや評価的なことばに頼る人は警戒しよう。**

D　**意見や態度、個人的な偏見、憶測、個人的な保証、裏づけのない一般化と、しっかりした事実に基づく証拠とを混同しないこと。**

E　**議題になっている内容が、明確で厳密であるよう確認すること。**そしてそれが持つ意味合いや、それをとりまく複雑な状況が見極められ、目標も理解され、ことばや概念も定義されているよう確認すること。

F　**証拠が、議論の俎上《そじょう》に上がっている内容と関係があることを確認しよう。**何か周辺的な話題としか関係ない場合に気をつけよう。

G　**何か権威が引き合いに出されたら、その権威者の持っている資格や技能が目下の問題と関係あることを見極めるまで、それを鵜呑《うの》みにしないこと。**

H　**結論が証拠からちゃんと導かれるものであることを確かめよう。**

I　**憶測せざるをえないような立場に他人を追いこまないこと。**そして自分も憶測せざるをえない立場にはまらないこと。つまり、議論の中で必要なステップが省略されないようにすること。勝手な想定を避けること。

J　**理性的な議論が過熱してしまうのはなるべく避けよう。**議論が熱を帯びてきたら、問題の原因を見極めて、誤解があればそれを正し、議論を本筋に引き戻そう。意見が対立しているようなら、その意見の不一致がなぜ起きているか、互いが理解できていることを確認しよう。

K　**証拠が十分で、しかも都合のいいものだけ選んでいないことを確かめよう。**

L　**重箱の隅をつついたり揚げ足をとったりしないこと。**議論のための議論はやめよう。

M　**批判的に考えよう。**虚偽があれば、ちゃんとそれを見逃さずに覚えておくこと。それを口に出して指摘しないときでも「いまのはおかしいぞ」と自分に語りかけよう。

N　**議論を聞いたら、結論を受け入れる前にそれを検討すること。**以下の3つの質問を考えよ。

① 命題（前提、証拠として使われている論点）は真か？

② 証拠は完全か？　それとも一方的だろうか？

③ 結論は議論の余地なく証拠から導かれるだろうか？
それとも別の結論も容易に導けるだろうか？

O　最後に、どんなに議論の達人になっても、エドガー・アラン・ポー『アモンティリャードの樽』冒頭の一文を決して忘れないこと

「フォルチュナアトから蒙った数限りもない不快を、忍べるだけは忍んで来たものの、彼奴が不敵にも侮辱を浴びせかけたとき、吾輩は復讐を誓った」

世界には小賢《こざか》しい青二才ならもう十分にいる。あなたまでその列に加わることはない。

訳者あとがき

本書は Robert Gula, Nonsense: A Handbook of Logical Fallacies (Axios Press, 2002)の翻訳である。一応、一通り訳してはあるものの、忠実な全訳ではない。日本でのハンドブックとしての有用性を考えて、英語固有の表現に関する部分や、記述の煩雑な部分、明らかにまちがった部分などは手直ししたり、また日本で通りがいい表現に改めたりしている。また、参考文献や索引は割愛している。英語圏の修辞学などに特化したものが多く、利用価値が低いと判断されたためである。翻訳にあたっては、原文の全文がネット上で公開されているので、これを利用した。

邦題は「論理で人をだます法」ではあるけれど、実際の内容は必ずしも論理だけには限られない。その意味で、厳密に言えば「人を論理から逸脱させる方法」とでもしたほうがよかったかもしれない。ただ、人はおおむね論理的に行動しているつもりではあるのだ。単にその論理がまちがっていたり、あるいは別の要因に影響されてそれが無意識のうちにゆがんでいたりするだけだ。当人にしてみればそれなりに論理的な(でも実際には論理からずれた)説得法という意味では、この邦題も実態に即したものだといえるかもしれない。

いま述べたように、人はおおむね論理的に行動しようとはするけれど、その一方で「世の中理屈じゃない!」と居直ってみせたりする。これは時と場合に応じて有効性が変わるものだし、どちらかが絶対的に正しいというものじゃない。さらには、目先の論理と長期的な合理性という問題もある。感情というのは、不合理に見えるけれど、人を目先の利益に反してまで長期的な利益をとるようにさせるための進化上の仕掛けなのだ、という説もある。したがって、本書に書かれたような各種の手口(あるいは引っかかる側にたてばまちがい)は、実は総合的に考えればまちがいではない場合もあることには注意しよう。誰かの理屈が正しくなくても、その人の言うことに逆らわないほうがいい場合は多々あるのは、社会人ならご承知の通り。ただ、理屈に従ったことをやっているつもりでまちがえたり、感情に流されているのに論理的なつもりでいるのは、後々禍根を遺すことがよくある。そのときどきで、自分(または他人)が何に動かされているのかは、きちんと判断をつけるようにしよう。

本書は、それを整理してくれるので、とても便利な一冊となっている。

通常だと、こうした解説では著者のなんたるかを延々と説明するところだ。でも、本書の著者は、本書の著者だという以外にこれといって特筆すべき人物ではない。また本書に書かれた内容も、著者の独創はまったくないと言っていい。ここに書かれた内容はすべて、昔から何らかの形で繰り返し指摘されてきたことである。本書の特徴は、網羅性が高いことだ。単純な論理の誤りを指摘する本なら、すでに結構ある。理屈をごまかす詭弁の手口の解説書などだ。でもそれと各種の感情的な手法とを総合的に述べているものとなると、なかなかないようだ。本書を読んでおけば、「ああいまこの手口が使われているな」という整理は比較的簡単にできるようになる。

ただし、これをやりすぎるのも考えものだ。感情豊かに熱っぽく何かを語っている人は、別にだまそうという意図を持ってそれをやっているのではないことも多い。本当にその主張について熱意を抱いていることも多い。それが手口として使われているのか、それともそうした魂胆なしに、正直に出てきているものか? その判断はなかなか難しい。特に、本当に上手なプレゼンテーションを行う人は、本当に自分で思っていることと役柄的にやっていることが、渾然一体となっていることがよくあるからだ。が、それでも説得力を高める手口があることを認識して、それが意識的にせよ無意識的にせよ使われているかどうかが判断できることは重要だ。そして重要なのは、その手口が使われているからその発言が自動的にインチキだと思わないことだ。単に、その部分を切り離して判断できるようになる、ということだ。

本書やその類書を読むと、しばらくはあらゆる説得技法について不信感を抱くようになりがちだ。本書の書き方も、悪質な例をたくさん探してきては並べているし、ついつい各種の説得技法がいけないことのように思えてしまうし、著者も先生だけあってついそういう書き方に走ってしまうことも多い。でも一方で著者もしばしば指摘している通り、ここに述べられた説得技法は、多かれ少なかれ誰でも使っている。それにまどわされちゃいけないけれど、警戒しすぎても、何もできなくなってしまう。そのバランス――それは人がそれぞれの人生経験の中で身につけていくしかない。へんな理屈にほいほいだまされるようでも困る。一方で、無意味な厳密さを他人にだけは要求してまわる、ネット上で最近とみによく見かけるへんな論理おたくになってもいけない。本書のような本は、そのバランスを意識的に取る役に立つし、その中でも本書はなかなかコンパクトでよくできていると思う。自分はどういう手口に弱いか、そしてどういう手口につい頼りがちか――それを理解しておくことで、各種の世渡りがかなりスムーズになることも多いのだ。

説得技法として本書に網羅されていないものとしては、もう少し悪質な心理操作などがある。これらについて――そしてそれに対する対策について――はチャルディーニ「影響力の武器」(誠信書房)を読んでおくようお薦めする。こうした各種の非論理的説得術を学んで、の成果をどう活かすか――それはもうあなた次第ではあるけれど、悪用はしないでね、とはお願いしておこう。特に下手なごまかしは、馬脚をあらわしたときには怒り三倍になって逆噴射されることはお忘れなく。読者の皆様のご健闘をお祈りする。

2006年正月　珍しく品川にて

山形浩生

イラスト　千野エー
装丁　木庭貴信＋高橋 潤（オクターヴ）

論理で人をだます法

2006年3月30日　第1刷発行

著者　ロバート・J・グーラ
訳者　山形浩生
発行者　五十嵐文生
発行所　朝日新聞社
〒104-8011 東京都中央区築地5-3-2
電話:03-3545-0131（代表）
編集:書籍編集部　販売:出版販売部
振替:00190-0-155414
印刷所　中央精版印刷

Printed in Japan
ISBN 4-02-250084-0
＊定価はカバーに表示してあります。